MODERN HUMANITIES RESEARCH ASSOCIATION
CRITICAL TEXTS
VOLUME 63

FRENCH SERIES EDITOR
MALCOLM COOK

Michel-Jean Sedaine: Théâtre de la Révolution

MODERN HUMANITIES RESEARCH ASSOCIATION

CRITICAL TEXTS

The MHRA Critical Texts series aims to provide affordable critical editions of lesser-known literary texts that are out of copyright and are not currently in print (or are difficult to obtain). The texts are taken from the following languages: English, French, German, Italian, Portuguese, Russian, and Spanish. Titles are selected by members of the distinguished Editorial Board and edited by leading academics. The aim is to produce scholarly editions rather than teaching texts, but the potential for crossover to undergraduate reading lists is recognized.

texts.mhra.org.uk

Michel-Jean Sedaine:
Théâtre de la Révolution

Édition présentée, établie et annotée par

Mark Darlow

Modern Humanities Research Association
Critical Texts 63
2017

Published by

The Modern Humanities Research Association
Salisbury House
Station Road
Cambridge CB1 2LA
United Kingdom

Copy-Editor: Charlotte Brown

First published 2017

ISBN 978-1-78188-605-2

TABLE DES MATIÈRES

REMERCIEMENTS

Je voudrais exprimer ma profonde gratitude aux conservateurs des bibliothèques et archives de France, d'Irlande et de la Grande-Bretagne qui m'ont aidé dans l'élaboration de ce travail, et notamment à Ruth Sheret (Bibliothèque de l'Université de Newcastle) et à Darina Wade (Bibliothèque de Trinity College, Dublin). J'ai également le plaisir d'exprimer une reconnaissance particulière aux collègues suivants: Monique Abud, Katherine Astbury, David Charlton, Malcolm Cook, Solveig Serre. Je suis également redevable de l'aide de Gerard Lowe et de Charlotte Brown, que je remercie très chaleureusement. *Last but not least*, pour sa relecture attentive des épreuves finales qui m'a permis de corriger un grand nombre d'erreurs non identifiées je remercie Arnaud Prêtre.

M.D., juillet 2017

REMERCIEMENTS

INTRODUCTION

L'essor récent des études sur le théâtre de la Révolution française a permis de connaître en profondeur certains aspects du théâtre parlé de l'époque: nous disposons désormais d'éditions de presque toutes les pièces de Chénier,[1] comme d'autres pièces importantes,[2] d'études monographiques sur la censure et sur les institutions, des collectifs concernant la politique culturelle, la sensibilité, et le théâtre 'bâtard'. Par conséquent, on ne peut plus affirmer que la Révolution soit négligée au sein des études du XVIIIe siècle. L'attention portée au théâtre musical de cette époque, en particulier à l'opéra-comique, est cependant plus lacunaire: concernant ce dernier en particulier, peu de travaux ont vu le jour depuis la synthèse de M. Elizabeth C. Bartlet sur Grétry et la Révolution, qui date de 1992.[3] Pour tenter de commencer à combler cette lacune, la carrière de Michel-Jean Sedaine est un objet idéal: il s'agit d'un auteur de pièces parlées et d'opéras-comiques, qui eut une œuvre prolixe et variée, et qui en particulier créa des œuvres significatives à la fois sur les plans esthétique et politique.

Quelle était l'attitude de Sedaine vis-à-vis de la Révolution? Sans doute est-il impossible de la discerner, à la seule lecture de ses œuvres: tout auteur dramatique se devait une certaine circonspection dans une période aussi surveillée et une certaine prudence dans l'expression. Le portrait qu'en dresse Madame Vandeul peu après sa mort est celui d'un Sedaine modéré, enthousiaste de la liberté et du progrès social, mais progressivement aliéné par les excès de la Terreur (comme, sans doute, la majorité des auteurs):

> Sedaine fut enthousiaste de la Révolution à son aurore, et tout le temps qu'il put en espérer le bonheur de son pays; mais ses excès lui ont fait horreur

---

1 Marie-Joseph Chénier, *Théâtre*, ed. Gauthier Ambrus et François Jacob (Paris: Garnier-Flammarion, 2002) [*Charles IX, Henri VIII, Fénelon, Timoléon*]; *Caïus Gracchus/Tibère: deux tragédies politiques*, ed. Pierre Frantz et François Jacob (Saint-Malo: Cristel, 1998); *Jean Calas*, ed. Malcolm Cook (Exeter: University of Exeter Press, 1987).

2 Jean-Nicolas Bouilly, *René-Descartes: trait historique*, ed. Michèle Sajous d'Oria (Bari: Palomar, 1996); P. Fabre d'Églantine, *Le Philinte de Molière*, ed. Judith K. Proud (Exeter: University of Exeter Press, 1995); Jean-Louis Laya, *L'Ami des lois*, ed. Mark Darlow et Yann Robert (London: MHRA, 2011); Gabriel-Marie Legouvé, *La Mort d'Abel*, ed. Paola Perazzolo (London: MHRA, 2016); Jacques-Marie Boutet de Monvel, *Les Victimes cloîtrées*, ed. Sophie Marchand (London: MHRA, 2011). Sans parler des recueils classiques, par exemple Louis Moland, *Théâtre de la Révolution* (Paris: Garnier, 1877), et *Théâtre du XVIIIe siècle*, ed. Jacques Truchet, 2 vols (Paris: Gallimard/Pléiade, 1972–74), II.

3 M. Elizabeth C. Bartlet, 'Grétry and the Revolution', in *Grétry et l'Europe de l'Opéra-Comique*, ed. Philippe Vendrix (Liège: Mardaga, 1992), pp. 47–110.

> comme à toutes les âmes honnêtes. Il a supporté courageusement toutes les privations, tout le malaise que les événements ont produit dans l'intérieur des familles; mais il devint sujet à la mélancolie et à l'ennui dans les derniers temps de sa vie.[1]

Son rapport à la politique est cependant complexe: il fut célèbre dans les années 1780 pour *Richard, cœur de lion*, dont le chœur 'Ô Richard, ô mon roi' fut adopté pendant la Révolution par les royalistes, mais fut aussi auteur de la tragédie *Maillard, ou Paris sauvé*, œuvre ambiguë sur le plan politique, et de l'opéra-comique *Guillaume Tell*, œuvre 'patriote' remaniée en outre sous la Terreur. Comme bien des auteurs, il a dû composer avec les régimes successifs, sans parler du fait que ses œuvres ont été appropriées de façon partisane. Sans doute Sedaine — et nous le verrons surtout lors de notre discussion de *Guillaume Tell* — dut-il également se battre contre des accusations de modérantisme, ce qui explique en partie le ton de sa dernière œuvre. Auguste Rey mentionne une version modifiée du *Philosophe sans le savoir* représentée pendant la Révolution, mais ne cite pas de sources. En outre, Rey évoque des 'applications' faites pendant une représentation du *Comte d'Albert* en 1795 et pendant *Rose et Colas* en 1796 qui associent Sedaine à la réaction politique contre la Terreur.[2] Le côté politique de son œuvre mérite donc attention, sans que l'on l'y réduise cependant: il s'agira également de reconstruire sa carrière dans les années 1789–97, de replacer les œuvres qu'il a écrites pendant cette période dans un contexte culturel et d'examiner sa dramaturgie variée. Nous considérerons ici principalement les deux œuvres écrites pour Grétry (*Raoul, Barbe-bleue* et *Guillaume Tell*) car elles sont les seules à exister sous forme complète; mais entre le début de la période révolutionnaire et la mort de Sedaine (1797), d'autres projets ont existé dont il reste des traces: trois collaborations inédites avec Monsigny (*Pagamin de Monègue, Philémon et Baucis, Robin et Marion*), des fragments d'une quatrième œuvre pour Grétry, elle aussi restée inédite jusqu'à ce jour (*Bazile, ou à trompeur, trompeur et demi*), ainsi que des fragments d'une œuvre mise en musique par Champein (*L'Amoureux goutteux*). Une sixième œuvre représentée au Théâtre-Italien en 1796, *Albert, ou le service récompensé*, ne semble pas, quant à elle, avoir laissé de traces. Tout fragmentaires qu'ils soient, ces documents pris ensemble nous donnent une vue tout à fait nouvelle de la carrière de Sedaine à la fin de sa vie.

---

[1] Marie-Angélique de Vandeul, 'Notice historique sur Sedaine, envoyée à l'auteur de ces feuilles, par Mme de Vandeul, née Diderot. 1797', in *Correspondance littéraire, philosophique et critique par Grimm, Diderot, Raynal, Meister, etc.*, ed. Maurice Tourneux, 16 vols (Paris: Garnier Frères, 1882), XVI, 234–46 (p. 246).

[2] Auguste Rey, *Notes sur mon village: la vieillesse de Sedaine* (Paris: H. Champion, 1906), pp. 62, 66.

La Carrière de Sedaine sous la Révolution (1789–97)

En 1789, Sedaine a soixante-dix ans, et a fait représenter une trentaine d'œuvres de théâtre; ses chefs-d'œuvre ont déjà été créées. Mais il demeure une figure centrale du théâtre et de l'opéra-comique jusqu'à sa mort: on n'a pas suffisamment pris en compte la variété de ses activités en tant qu'académicien et en tant que membre de la 'Société des auteurs dramatiques' fondée par Beaumarchais. Celles-ci peuvent nous éclairer sur son positionnement dans le 'monde' littéraire de l'époque et, partant, sa politique.

Secrétaire perpétuel de l'Académie royale d'architecture depuis 1768, il dispose toujours de son logement au Louvre: il s'agit d'un vaste appartement sur trois étages qui lui permet de recevoir régulièrement des invités, comme le peintre Jacques-Louis David.[1] Marié depuis 1767 à Suzanne-Charlotte, née Sériny,[2] Sedaine dispose également d'un logement de campagne à Saint-Prix, hameau à dix-sept kilomètres au nord de Paris, dans la vallée de Montmorency; il y avait acheté une maison de campagne avec de l'argent reçu de l'impératrice Catherine II le 18 mai 1780,[3] l'endroit lui ayant vraisemblablement été recommandé par son ami, le comte Jean-Nicolas Dufort de Cheverny.[4]

Sedaine restera secrétaire de l'Académie d'architecture jusqu'à la suppression de celle-ci, annoncée le 5 août 1793: après des débuts difficiles, la place de Sedaine au sein de l'Académie s'était stabilisée au cours des années 1780. Mark Ledbury a décrit brièvement la méfiance des Académiciens à l'égard de Sedaine lors de sa nomination en 1768 et tout au long des années 1770, l'hostilité de ses confrères à son égard étant due à la fois à ses origines modestes et au fait qu'il a été nommé par le marquis de Marigny précisément parce qu'il n'était pas des leurs, comme le rapporte Dufort de Cheverny: le directeur des bâtiments cherche à faire cesser l'opposition de l'Académie à son autorité: 'Il calcula que s'il donnait [cette place] à un architecte, il mettait dans le corps une autorité de plus contre lui'.[5] Mark Ledbury note également que la place de Sedaine au sein de l'Académie devient plus harmonieuse après la mort de Ange-Jacques Gabriel et au cours des années 1780. Dans les premières années de la Révolution, peu d'aspects de ce travail concernent son activité théâtrale: la présence de Sedaine dans les procès-verbaux est presque constante et l'Académie a dû lui donner

---

1 Rey a tiré quelques anecdotes des *Mémoires sur les règnes de Louis XV et Louis XVI et sur la Révolution* par J. N. Dufort, comte de Cheverny, ed. Robert de Crèvecœur, 2 vols (Paris: Plon, 1886). Concernant cette période de la vie de Sedaine, l'article de Mark Ledbury, '"Vous avés achevé mes tableaux": Michel-Jean Sedaine and Jacques-Louis David', *British Journal for Eighteenth-Century Studies*, 23 (2000), 59–84, est indispensable.

2 C'est à tort que Mme Vandeul donne la date du 4 avril 1769 ('Notice historique sur Sedaine', p. 240).

3 Rey, *Notes sur mon village*, pp. 1, 21–22, 29.

4 Ibid., p. 22.

5 Dufort de Cheverny, *Mémoires*, I, 362.

fort à faire. Mais on y remarque peu de controverses significatives, même si on y trouve quelques projets remarquables comme, par exemple, le projet d'une Académie centrale de peinture proposé en février 1791.[1]

Il est également membre de l'Académie française depuis 1786, et doit cet honneur, selon Mme Vandeul, à *Richard, cœur de lion*: élu au siège 7 en remplacement de Claude-Henri Watelet, il fut reçu par Antoine-Marin Lemierre.[2] Pour les deux académies, Sedaine est presque constamment obligé de réclamer son traitement, qui restera en arriéré même après leur suppression, et les soucis financiers semblent l'avoir tracassé pendant une bonne partie de la période révolutionnaire.[3] Par ailleurs, en tant que littérateur, Sedaine fera partie du groupe d'auteurs qui ont demandé une modification de la loi concernant les droits littéraires.[4] Cette 'Société des auteurs dramatiques' a été établie par Beaumarchais en 1777 à l'initiative du Premier Gentilhomme de la chambre en exercice, le duc de Duras, suite à des plaintes de Beaumarchais contre la Comédie-Française qui avait violé les règlements royaux en cherchant à le persuader de leur donner une propriété exclusive sur *Le Barbier de Séville* en renonçant à son droit au neuvième des recettes. La Société a œuvré pour obtenir une rémunération plus régulière des représentations de leurs pièces et pour instaurer une série de réformes aux conditions d'accès des auteurs à la Comédie-Française (il s'agissait ainsi de s'associer plus étroitement à ce théâtre sans perdre leurs droits à une part des recettes). Pourtant, les règlements royaux de 1780 octroyés suite à leur campagne n'ont que partiellement répondu aux attentes des auteurs — ils leur ont accordé certes une rétribution financière plus régulière, mais peu de chose hormis cela — et la Société a cessé d'exister après 1780; elle a été reconstituée, mais sous une forme différente, en 1789. Pour les auteurs, l'enjeu essentiel n'était pas tant financier, mais social: l'honnêteté et la distinction faisaient partie intégrante des critères du groupe (dont les membres ont été sélectionnés parmi ceux qui bénéficiaient d'entrées gratuites à la Comédie — donc ceux qui avaient déjà une pièce représentée). Cet échec

---

1 Sur cet aspect de la carrière de Sedaine on se reportera particulièrement aux *Procès-verbaux de l'Académie Royale d'Architecture, 1671–1793, publiés pour la Société de l'histoire de l'art français*, ed. Henry Lemonnier, 9 vols (Paris: Jean Schmeit, puis Édouard Champion, puis Armand Colin, 1911–26), IX (qui couvre la période 1780–93); à Wolfgang Schöller, *Die 'Académie Royale d'Architecture' 1671–1793: Anatomie einer Institution* (Köln: Böhlau, 1993); et à Mark Ledbury, *Sedaine, Greuze and the Boundaries of Genre* (Oxford: Voltaire Foundation, 2000), chapitres 7 et 8.

2 *Discours prononcés dans l'Académie française le 27 avril 1786 à la réception de M. Sedaine* (Paris: Demonville, 1786).

3 Rey, *Notes sur mon village*, pp. 37–38.

4 Pour l'information dans le paragraphe qui suit, nous sommes redevables à l'ouvrage de Gregory S. Brown, *Literary Sociability and Literary Property in France, 1775–1793: Beaumarchais, the Société des Auteurs Dramatiques and the Comédie Française* (Aldershot: Ashgate, 2006).

(car telle fut sa perception de la part de Beaumarchais et ses collègues) peut s'expliquer par le fait que Beaumarchais a publié des pamphlets à ce sujet, et ainsi a violé son propre accord avec Duras en transformant cette négociation en controverse publique.

Le rôle de Sedaine a été significatif dès le début de ces débats, et son rôle dans cette activité peut également nous renseigner sur son statut social dans le monde littéraire de l'époque. En tant que secrétaire perpétuel de l'Académie royale d'architecture, Sedaine dispose d'une position dans le monde littéraire, comme Marmontel et La Harpe, et de ce fait partage leur idéal d'honnêteté littéraire, ce qui rehausse le prestige de l'association créée par Beaumarchais (qui, lui, ne jouit pas d'une telle réputation de probité). En même temps, à la différence de Marmontel et de La Harpe, mais comme Beaumarchais, Sedaine a une place plutôt ambiguë dans le monde du théâtre: il est principalement auteur de comédies et d'opéras-comiques et n'a pas écrit de tragédies selon les règles (en tout cas il n'en fera jamais représenter, *Maillard, ou Paris sauvé* étant bien trop controversé, sur les plans esthétique — c'est une tragédie en prose — et surtout politique, pour lui apporter une gloire ou un statut littéraire dans le 'monde').[1] Par conséquent, il mêle une honnêteté académique avec un statut d'*outsider*, ce qui explique peut-être pourquoi, de tous les auteurs composant la Société dans les années 1777–80, c'est lui qui a le plus poussé Beaumarchais à transformer ses réclamations en débat public, en recourant à l'imprimé.

Gregory Brown a montré comment la Société a été recréée en 1789 (parfois connue sous le nom alternatif de Bureau de législation dramatique), mais à l'initiative cette fois de La Harpe, et sur la base d'arguments qui ne sont pas identiques à ceux de 1777. La politique culturelle du début de la Révolution étant profondément transformée, pour les auteurs il s'agissait désormais de se positionner comme les chefs d'une nation devenue libre et d'imposer le théâtre comme faisant partie intégrante de cette renaissance culturelle. Considérons la pétition de Sedaine à la Convention nationale pour faire accorder aux descendants de Racine une rétribution financière, qu'il décrit comme 'les petits-fils de cet homme dont les travaux immortels ont fait la gloire de la Nation française'. Il demande rhétoriquement: 'à qui doit-elle [la Nation] le

1 Sur les négociations entre Sedaine, la Comédie-Française et les diverses instances du pouvoir pour faire représenter *Maillard, ou Paris sauvé*, voir Michel-Jean Sedaine, *Maillard, ou Paris sauvé* & *Raimond V, comte de Toulouse*, ed. John Dunkley (London: MHRA, 2015), pp. 54–65. Sedaine tente de minimiser l'inconvenance politique de sa pièce dans une supplique adressée à Jean-Baptiste-Antoine Suard pour en permettre l'impression, prétendant que c'est surtout l'usage de la prose qui a gêné les comédiens, mais comme l'explique Dunkley, '[s]'il y avait eu des raisons esthétiques de refuser la pièce, les comédiens les auraient articulées dès que Sedaine l'eut soumise au comité' (p. 55). Pour la supplique voir Archives nationales (AN): AB/XIX/3066, no. 92: lettre de Sedaine à Suard, le 6 janvier 1788. Dunkley cite également de nombreux documents tirés du dossier Sedaine conservé à la Bibliothèque-Musée de la Comédie-Française.

plus, si ce n'est à ceux qui l'ont éclairé, et qui, en la conduisant par des routes semées de fleurs, l'ont forcée d'arriver à celle du bien-être qu'elle désire étendre sur tous les Peuples de l'Univers[?]'.[1] Le 'Bureau dramatique' qui est constitué en 1789 comporte toujours Sedaine aux côtés de La Harpe et de Sauvigny, et sa première action publique est de présenter une pétition à l'Assemblée nationale constituante de l'été 1789, qui considère les auteurs comme des individus citoyens ayant des droits personnels de propriété et qui appelle de ses vœux un marché libre. Cette fois-ci les auteurs obtiennent gain de cause: la loi du 13–19 janvier 1791, d'ailleurs bien connue, abolit non seulement le privilège théâtral, mais reconnaît la propriété des auteurs dramatiques sur leurs pièces. Sedaine est surtout actif après cette loi dite Le Chapelier, dans le cadre de résistances de la Comédie-Française et des entrepreneurs de province aux dispositions de la loi. Ce sont certes ces mêmes réformes qui ont permis l'ouverture de théâtres 'mineurs' comme le Théâtre de la rue Louvois où son opéra-comique *Pagamin de Monègue*, refusé jadis par l'Opéra, a finalement vu le jour en 1792. Mais ces théâtres mineurs n'ont pas toujours respecté les nouvelles lois sur la propriété, et les années 1791–93 sont une période de lutte pour les auteurs dramatiques. Sedaine signe plusieurs textes en leur nom,[2] ainsi qu'un *Discours renfermant l'avis de M. Sedaine* qui a été lu au Comité d'instruction publique le 23 décembre 1791[3] et un autre texte sur les questions de droits dans les traductions d'œuvres en langue étrangère (il s'agit en particulier de pièces françaises, traduites en italien pour le Théâtre de Monsieur, une ruse pour éviter de payer les droits d'auteur).[4] Il prononce en outre un *Discours* au Comité d'instruction publique

1 Michel-Jean Sedaine, *À la Convention nationale* ([Paris]: Imprimerie de Cl.-F. Cagnion, [s.d.]), pp. 2–3.

2 Son nom apparaît dans la liste des signataires des textes suivants: *Adresse des auteurs dramatiques à l'Assemblée nationale, prononcée par M. de la Harpe dans la Séance du mardi soir 24 août [1790]* (Paris: [s.n.], 1790); *Réponse aux observations pour les comédiens français* (Paris: Bossange & compagnie, Du Laurens, [s.d.]).

3 Il n'est pas fait mention de Sedaine dans les procès-verbaux du Comité d'instruction publique pour cette date: lors du débat sur le différend entre les auteurs dramatiques et les entrepreneurs de spectacles, ce seraient Beaumarchais, Dalayrac, et Framery qui auraient pris la parole: voir *Procès-verbaux du Comité d'instruction publique de l'Assemblée législative*, ed. J. Guillaume (Paris: Imprimerie Nationale, 1889), pp. 62–63. Sedaine aurait parlé lors de la séance suivante, le 26 décembre 1791, comme Dalayrac, Chénier, et Cailhava: 'M. Sedaine a ensuite lu un mémoire où il a établi à peu près les mêmes principes [que ceux de Chénier et Dalayrac; à savoir que 'les décrets de l'Assemblée Nationale ont assuré aux auteurs vivants la propriété de leurs ouvrages', et que 'cette propriété n'autorise pas les contrefaçons ni tous les moyens qu'on peut employer pour frustrer un auteur du fruit de ses recherches et de ses peines'.] Il propose de ne rien répondre aux entrepreneurs de spectacles, et d'être plein de confiance dans la justice reconnaissante de l'Assemblée Nationale' (ibid., pp. 66–67). Son discours fut imprimé: *Discours renfermant l'avis de M. Sedaine, lu au Comité de l'instruction publique, le 23 Décembre 1791* ([Paris]: Imprimerie de Boulard, [1791]).

4 *Pétition adressée à l'Assemblée Nationale par les auteurs dramatiques, sur la représentation, en France, des pièces françaises, traduites en langue étrangère* (Paris: Du Pont, 1791), 43 signatures, y compris celle de Sedaine.

contre le plus significatif de ces entrepreneurs, Flachat, en 1792. Dans tous ces textes, Sedaine livre un plaidoyer pour les droits des auteurs, lésés par les entrepreneurs de spectacles; le *Discours* qu'il rédige considère les auteurs modernes comme les 'successeurs de ces âmes vraiment libres' et accuse les entrepreneurs d'avoir attendu une nouvelle législature pour combattre les auteurs, 'et dans chacune des villes où ils sont Entrepreneurs, ils ont imploré la protection des Députés, même avant leur nomination'; ainsi forçant les auteurs de recourir à la loi, '& de les salir par l'idée qu'on attache aux procédés de tout homme qui, par son génie dévoué à de grandes parties, est forcé de descendre aux minutieux détails d'un vil intérêt'.[1]

L'activité de Sedaine au sein de la Société des auteurs dramatiques nous renseigne donc sur sa place dans le monde littéraire et sur sa politique: enthousiaste des progrès sociaux promis par le début de la Révolution, comme par exemple la reconnaissance des droits d'auteur, il a un statut ambigu dans les années 1780: académicien mais auteur de comédies, il semble qu'il ait apporté des contacts et une certaine distinction sociale. Il partage l'idée selon laquelle faire appel à la justice pour obtenir un paiement est déshonorant, mais il n'hésite pas à recourir à l'imprimé. Il considère les auteurs comme les héritiers de Voltaire, et les bienfaiteurs de la nation. C'est donc une place intermédiaire qu'il occupe. De même, à l'Académie, il semble qu'il ait également souffert d'une certaine condescendance de la part de ses confrères Académiciens; mais comme pour nombre d'entre eux, la promesse de droits et de justice que représente la phase constitutionnelle de la Révolution le séduit.

Tout cela l'a néanmoins desservi lors de la phase radicale de la Révolution, au cours de laquelle il a dû faire preuve de patriotisme. Louise Arnoldson déclare que 'Sedaine voyait ceux de ses opéras qui rappelaient trop l'Ancien Régime mis à l'index révolutionnaire et retirés du répertoire', et qu'il 'se vit obligé de modifier "républicainement" celles de ses œuvres que l'esprit patriotique consentait à voir encore, — ou de les laisser mutiler par d'autres mains moins habiles': à l'appui, elle cite une fête constitutionnelle faite en 1791 par un inconnu sur la base de *Richard, cœur de lion*, restée sous forme de manuscrit dans la collection Soleinne.[2] Nous verrons plus loin que sous la Terreur *Guillaume Tell* a été révisé, avec une 'scène patriotique' chantée par des Sans-culottes, sur l'air de la *Marseillaise*. 'Je suis persuadé que cela ferait un bon effet', a écrit Sedaine dans le livret. Nous ne pouvons dire grand'chose sur sa politique pendant cette période plus tardive de la Terreur, car aucune autre œuvre n'a été produite. Notons cependant que les académies ont été fermées et que Sedaine a perdu ses

---

[1] *Discours renfermant l'avis de M. Sedaine*, pp. 4, 2, 3.

[2] Louise Parkinson Arnoldson, *Sedaine et les musiciens de son temps* (Paris: L'Entente Linotypiste, 1934), p. 203. Pour le manuscrit, voir BnF, département des manuscrits, Fr. 9259 ff.92r–110r: 'La fête constitutionnelle de la France, comédie en deux actes en prose et en vers, mise sur la musique de richard cœur de lion. Roüen. 1791'.

places, et partant aussi une partie de ses revenus; et que lors de la réouverture de celles-ci sous forme d'Institut national le 23 octobre 1795, Sedaine n'a pas été invité à y participer.[1] Plusieurs documents attestent des difficultés financières de Sedaine pendant la Révolution: une lettre d'un de ses débiteurs (un certain M. d'Augy) s'excusant de ne pouvoir le payer (9 mars 1790), accompagnée d'une lettre non signée mais vraisemblablement la réclamation originelle de Sedaine (15 janvier 1790),[2] des réclamations pécuniaires en sa capacité d'ancien secrétaire de l'Académie d'architecture (24 août 1793),[3] et un an plus tard une demande d'indemnité en cette même qualité d'académicien (19 nivôse an III), dans laquelle Sedaine affirme qu'il 'n'est pas même encore payé malgré les preuves fournies, et ses réclamations'.[4] On trouve en outre des propositions de pension à octroyer aux écrivains qui ont perdu leurs revenus suite à la fermeture des académies, parmi lesquels figure son nom.[5] Son opéra-comique *Robin et Marion*, qui date de 1795, est entièrement dénué de références politiques concrètes, et comme bon nombre d'auteurs après Thermidor il semble qu'une certaine nostalgie culturelle et un certain conservatisme aient fait partie intégrante des œuvres: le livret prend une trame médiévale (une fois de plus), mais la fond dans une intrigue d'opéra-comique tel qu'il s'était pratiqué au milieu du siècle. C'est, semble-t-il, sa dernière œuvre et elle n'a jamais été représentée. Il s'est éteint deux ans plus tard, le 17 mai 1797.[6]

Éditer un opéra-comique de Sedaine et Grétry

La collaboration entre Sedaine et Grétry est l'un des partenariats les plus significatifs de l'opéra-comique.[7] Évoquant le *Magnifique* dans ses *Mémoires*, Grétry déclare son admiration pour Sedaine en même temps qu'il explique les défis musico-dramatiques que lui lance son librettiste:

> À mesure que j'acquérais les connaissances propres au théâtre, je désirais de mettre en musique un poème de Sedaine, qui me semblait l'homme

---

1 Rey, *Notes sur mon village*, p. 68, n. 2, note que: 'À la destruction des académies, Sedaine avait 4000 livres à réclamer, dont 2000 d'avances personnelles; il n'en a pu obtenir la liquidation' (lettre de Mme Sedaine, janvier 1815).

2 AN: T//1371, dossier Veuve Pinson, papiers Charet de Fromentaux.

3 AN: F/17/1005A, dossier 778.

4 AN: D/XXXVIII/4.

5 AN: F/17/1095, dossier 2, pièce 8: 'Mémoire tendant à l'attribution d'une pension aux membres de l'Académie Française qui n'étaient que littérateurs et n'avaient point d'autre état'.

6 Jean-François Ducis, 'Vie de Sedaine', in *Œuvres*, 4 vols (Paris: A. Nepveu, 1826), III, 455–60.

7 Carl Maria von Weber, 'Introduction to Grétry's *Raoul Barbe-bleue*', in *Writings on Music*, traduit par Martin Cooper, ed. John Warrack (Cambridge: Cambridge University Press, 1981), pp. 222–25 (p. 222). On se reportera aussi avec profit à la notice de David Charlton, 'Grétry, André-Modeste', *Grove Music Online* [13 avril 2017], et son ouvrage *Grétry and the Growth of Opéra-Comique* (Cambridge: Cambridge University Press, 1986).

> par excellence, soit pour l'invention des caractères, soit pour le mérite si rare d'amener les situations d'une manière à produire des effets neufs, et cependant toujours dans la nature.[1]

Sedaine a été notoire pour les 'négligences' de son style (le fait que ses admirateurs le louent pour son naturel et sa simplicité, et que ses détracteurs le critiquent pour sa rusticité et son manque d'élégance est un véritable topos), mais ses situations dramatiques, son sens des 'effets' du théâtre, les paroles de ses airs ont eu une grande influence.[2] Mme Vandeul loue en lui 'le secret de faire sortir des plus légers incidents des effets infiniment dramatiques; la surprise qu'ils excitaient était d'autant plus vive qu'on avait été plus éloigné de les prévoir, quoique, une fois arrivés, on ne pût nier qu'ils n'eussent été préparés avec beaucoup de naturel et de vérité' (ibid.). Quant à Grétry, les contemporains le reconnaissaient comme un mélodiste, et surtout pour la justesse et la variété de son traitement du chant, qui devait, selon le compositeur, s'adapter aux nuances du texte, du caractère, et de la situation dramatique. Sont également importants son traitement des finales en chaîne (technique italienne novatrice pour la France), ses formes flexibles, parfois aussi sa couleur locale.[3] 'C'est avec franchise que je dis n'avoir jamais cherché à imiter Pergolèse; j'étais sa suite, comme Sedaine est celle de Shakespeare,' a-t-il déclaré dans ses *Mémoires*.[4] On peut également citer Laurent Garcin, qui dans son *Traité du mélo-drame* écrit:

> Quiconque apprécie sans préjugé les ouvrages de M. Sedaine, verra que ce n'est pas chose aisée que d'entreprendre de mettre ses drames en musique. La fierté de ses desseins, la force de ses caractères, l'énergie de son dialogue, le pittoresque de ses tableaux, la mâle concision de son style, toutes ces qualités imposent au musicien une tâche d'autant plus pénible, qu'elles le subjuguent quoi qu'il fasse, & ne lui permettent pas de se jeter sur d'autres objets que ceux qui lui sont donnés à peindre. On aura beau donner le nom de *petit genre* aux productions de cet Auteur; je ne connais de petit genre que celui qui manque la nature, ou qui la peint faiblement.[5]

---

1 André Grétry, *Mémoires, ou essais sur la musique*, nouvelle édition par J. H. Mees, 3 vols (Bruxelles: Wahlen, 1829), I, 202.

2 Pour deux exemples positifs, voir le discours de réception de Lemierre lors de l'élection de Sedaine à l'Académie française, ou le jugement de Mme de Vandeul: 'C'est en écrivant ses pièces le moins possible qu'il sut mériter très habilement d'obtenir grâce en faveur de son style' ('Notice historique sur Sedaine', p. 238). Un bon exemple de critique est celui de La Harpe: '[Sedaine] n'est pas même, à proprement parler, un écrivain, puisqu'il est impossible de soutenir la lecture de la plupart de ses ouvrages, et que dans ceux mêmes qui sont le moins mal écrits, et où le dialogue en prose a du moins quelque naturel, les vers sont généralement si mauvais, qu'il n'y a point de lecteur qui n'en soit rebuté' (*Lycée ou cours de littérature ancienne et moderne*, 2 vols (Paris: Didier, 1834), II, 467).

3 Charlton, 'Grétry, André-Modeste'.

4 Grétry, *Mémoires*, III, 300 n.

5 [Laurent Garcin], *Traité du mélo-drame, ou réflexions sur la musique dramatique* (Paris: Vallat-la-Chapelle, 1772), p. 231.

Une importance considérable de ces deux œuvres tardives est leur engagement avec des intertextes: à part les versions bien connues de Schiller et de Rossini, la légende de Guillaume Tell avait précédemment été utilisée par Antoine Marin Lemierre, alors que la légende de Barbe-bleue, héritée de Perrault, généra une foule d'intertextes importants, jusqu'à celui de Bartók au XXe siècle. Mais ces livrets de Sedaine ne se contentent pas de réécrire des légendes; ils en forgent des versions spécifiquement françaises. Il s'agit de se demander ce qu'il en est de la politique dans ces œuvres, étant donnée la réputation de Sedaine à l'aube de la Révolution, basée sur des œuvres telles que *Richard, cœur de lion*, ainsi que de jeter un éclairage sur la façon dont le mythe a été utilisé pendant cette période pour prendre des positions politiques nuancées. Les œuvres en question ayant été créées à divers moments de la décennie, elles affichent naturellement des positionnements divers. Et l'ensemble des projets faits par Sedaine couvre une gamme de genres allant de l'opéra-bouffon et la comédie jusqu'au drame. *Raoul, Barbe-bleue* montre comment une légende populaire, disséminée en France grâce à la *Bibliothèque universelle des romans*, reçoit un traitement musical, dont le ton et le genre sont particulièrement intéressants. Quant à *Guillaume Tell*, représentée pour la première fois en 1791, son adaptation pendant la Terreur a impliqué des changements considérables, notamment s'agissant du dénouement. Mais nous ne négligerons pas non plus le côté nostalgique de la culture révolutionnaire, que l'on aperçoit dans *Bazile, ou à trompeur, trompeur et demi*, dont l'intrigue est grandement inspirée du théâtre de la foire, et qui est également présent dans le médiévisme des deux œuvres majeures du présent recueil, qui entremêlent l'histoire et la légende.

Dans la mesure où il s'agit pour la plupart de livrets pour l'opéra-comique et non pas de pièces parlées, ce volume a présenté un certain nombre de défis éditoriaux et bibliographiques. En particulier, nous soulignons qu'il s'agit ici d'une édition de livret: à l'instar de la pratique éditoriale courante du XVIIIe siècle, nous présentons le texte des œuvres, mais non la musique, et nous y ajoutons les variantes textuelles importantes. Un enjeu majeur des livrets imprimés à l'époque de Sedaine était la présentation du texte des passages musicaux dans le livret, et surtout les ensembles, dans lesquels il fallait présenter les paroles de chacun des chanteurs, tout en réduisant les redites créées par la répétition musicale. Les livrets de l'époque s'efforcent de donner une idée de la structure de l'ensemble, par exemple en marquant la simultanéité lorsque deux ou plusieurs chanteurs chantent ensemble, ou en respectant l'ordre des répliques (qui parfois se répondent), le tout dans le format d'une brochure le plus souvent de format in-octavo ou in-duodecimo. Plusieurs solutions ont été adoptées à l'époque.

Lorsqu'il s'agit d'un ensemble en strophes, dans lequel chaque personnage chante seul une strophe, la solution est simple: c'est celle adoptée par exemple dans *Le Printemps* de Barré et Piis (fig. 1), et ce format permet un nombre illimité de chanteurs. Il est de même facile de présenter les ariettes de cette manière. Dans ces présentations, la police est généralement de plus petite taille, pour démarquer le passage musical du dialogue qui l'entoure. Parfois on emploie une 'justification' dans les passages en vers; parfois même lorsqu'un vers est partagé entre deux chanteurs, cela est noté, comme c'est le cas pour la présentation des alexandrins dans le théâtre classique.

Mais il n'en est pas toujours ainsi dans l'opéra-comique. Le 'quinqué' de la fin de l'acte I de *Félix* est présenté sous forme de colonnes, dont chacune est attribuée à un seul chanteur; très souvent le nombre de voix chantant en même temps est inférieur au nombre total et les colonnes sont 'partagées' (voir l'entrée de M. de Versac, ou 'les trois frères' qui chantent ensemble à la fin, fig. 2). C'est un procédé commode et très commun; il est également possible d'imprimer à l''horizontale' pour gagner de la place: c'est la solution adoptée à chaque fois que cela s'avère nécessaire par le livret que nous dénommons D1 de *Raoul, Barbe-bleue*. De même, le duo de la fin de l'acte II du même *Félix* emploie une présentation en colonnes, et on remarque que la simultanéité des voix (ainsi que des silences) est clairement repérable, ce qui donne au lecteur un aperçu du dynamisme de l'ensemble (fig. 3). Cela permet également une certaine flexibilité lorsqu'il s'agit d'ensembles croissants comme, par exemple, le 'duo, qui continue en trio, et finit en quatuor' de la scène 6 de l'acte III (fig. 4). Il est même possible de prendre une double page pour exposer un ensemble particulièrement riche, comme dans le 'quinqué' de la fin de l'acte I du *Déserteur* publié chez Hérissant (fig. 5). Et pour finir, très souvent, on emploie des présentations mixtes, comme dans la scène 9 de l'acte III du *Roi et le fermier* publié à Marseille (fig. 6).

Il convient surtout de reconnaître que les imprimeurs ont fait preuve d'ingéniosité et de sens pratique; même les schémas énoncés ci-dessus recèlent une variété de pratiques, dans la mesure où, très souvent, la présentation en colonnes est adoptée pour gagner de la place, et sans qu'une simultanéité parfaite des deux voix présentées en parallèle reflète la réalité musicale telle qu'on la découvre dans la partition. Le sens de la structure (par exemple, *da capo*) est le plus souvent perdu, car les paroles 'répétées' sont presque toujours retranchées de la présentation dans le livret. Les livrets simplifient la distribution de certaines voix dans les ensembles et on constate selon les imprimeurs diverses manières de noter ou non les reprises de mots et de vers. On remarque également une diversité de présentations d'un même passage d'une édition à une autre du livret: il est possible que les imprimeurs avaient chacun leur manière de présenter les paroles; il est également vraisemblable qu'il y ait une certaine part d'arbitraire. Nous savons mal comment un lecteur du XVIIIe siècle aurait lu ces passages. Sans doute y avait-il aussi une variété de lectures, certains connaissant l'œuvre déjà alors que d'autres non, par

LE

PRINTEMS,

DIVERTISSEMENT PASTORAL.

SCENE PREMIERE.

TOUTES LES FILLES DU VILLAGE
occupées à cueillir des violettes & à s'en faire des bouquets.

COLETTE.

AIR : *J'ai perdu mon âne.*

ICi ſur l'herbette
Queu douceur ſecrette
D'attendre à-la-fois nos Amans,
D'foulai la roſé' du Printems,
Et d'cueillir la violette ! *bis.*

FANCHETTE.

L'Dieu d'Amour qui guette
Chaque Bergerette,
Pour la conſolai des frimats,
Fait naître avant tout ſous ſes pas
La modeſte violette. *bis.*

FINETTE.

Mais c'eſt pur' ſornette
Qu'eun' grand' Dame projette
De prendre ſa part du Printems ;
Quand all' ſe leve, i n'eſt plus temps
D'ramaſſai la violette. *bis.*

CATAU.

Si cette fleurette
Aime la retraite,
Son odeur la trahit l'matin,
Et c'eſt alors qu'on eſt certain
De ſurprend' la violette. *bis.*

A 2

Figure 1: Barré, Piis, *Le Printemps, divertissement pastorale* (Paris: Vente, 1782), p.[3]. Collection particulière.

26 FÉLIX,

Quinqué, qui commence en Trio.

MARGUERITE.

Finiſſez donc, Mr. le Capitaine,
Finiſſez donc,
Vous embraſſer
Moi-même,
Non, non,
Il faut vous en paſſer
Mademoiſelle
M'appelle,
Eh bien vous ne finirez pas,
Ahi! ahi! vous me caſſez le bras.

LA MORINIERE.

Moi je n'ai vû que leurs talons.

Ah! pour le moins une douzaine,
Laiſſe-le faire,
Manon.

MORINVILLE.

Non, non, il faut que tu prennes
La peine
Toi-même de m'embraſſer.

Non, non, on ne t'appelle pas,
On ne t'appelle pas.

St. MORIN.

Mon frere, mon frere,
Mon pere
Pourroit s'offenſer.
Je vous conſeille de la laiſſer.
Manon, manon,
Laiſſe-le faire,
Manon, manon
Laiſſe-le faire,
Il ne te tuera pas.

M. DE VERSAC.

Cinq cent pas à perte d'haleine
J'ai couru ſur ces fripons,
Ils étoient une douzaine,
Laiſſe-le faire,
Manon,
Sotte Manon.

(*A la fin du Quinqué Morin paroît.*)

MORIN.

Eh bien, venez-vous donc ſouper vous autres? eſt-ce qu'il faut que je vous attende?

MARGUERITE.

Ah j'en ſuis bien aiſe,
Il faut qu'on le baiſe.

LES TROIS FRERES.

Chût, ſuivons mon pere
Il eſt en colere.

Fin du premier Acte.

Figure 2: [Sedaine], *Félix, ou l'Enfant trouvé* (Paris: Veuve Ballard, au Louvre, 1777), p.26. Collection particulière.

56 FÉLIX,

DUO.

FÉLIX.

Adieu, Thereſe,
Adieu chere ame de ma vie.

Adieu ma ſœur, ma chere amie,
Suſpends tes pleurs, ſuſpends tes cris.

Ah! mon cœur, mon cœur ſe déchire,
Quelle douleur, ah! quelle martyre.
Deviens plus heureuſe que moi,
Eſt-il donc un bonheur ſans toi.

Notre vie eut été ſi belle,
A ſes devoirs toujours fidelle
Félix auroit fait ton bonheur.

Toujours près d'elle!
N'y penſons pas,
Adieu chere ame de ma vie,
Adieu ma ſœur, ma chere amie,
Suſpends tes pleurs, ſuſpends tes cris.

THERESE.

Adieu Félix,
Adieu mon cher, mon cher Félix,
Ah! malheureuſe que je ſuis.

Dis-moi, non ... mais enfin.. pourquoi..
Je ne ſçais ce que je veux dire,
Félix, ſois plus heureux que moi.
Il n'eſt pas de bonheur ſans toi.

Nos jours ſi remplis de douceur.

Moi près de lui!
Hélas! hélas!
Adieu Félix,
Adieu mon cher, mon cher Félix,
Ah! malheureuſe que je ſuis.

(*A la fin de ce morceau, ils entendent touſſer ſous les rideaux du lit; ils ſe font ſigne qu'il y a quelqu'un; ils s'embraſſent dans le fond du Théâtre, emportent la lumiere & ſe ſéparent.*)

Fin du ſecond Acte.

Figure 3: [Sedaine], *Félix, ou l'Enfant trouvé* (Paris: Veuve Ballard, au Louvre, 1777), p.56. Collection particulière.

66 FÉLIX,

MORINVILLE.	LA MORINIERE *qui ſurvient*	MORIN.	
	Quoi donc ? quoi donc ?		
Il l'a dit à cet homme & son bien qu'il lui rend. Eſt accepté, le barbare le prend.			
	Il lui rend, Il le prend.		
O ciel ! ô ciel ! eſt-il poſſible. Pere dénaturé, &c	O ciel ! ô ciel ! eſt-il poſſible. Pere dénaturé, &c	Eh ! que m'importent mes enfans. Quand, &c.	

MORINVILLE.	St. MORIN *qui ſurvient*	LA MORINIERE.	MORIN.
	Quoi donc ? quoi donc ?		
Il l'a dit à cet homme, &c. Il le prend, Il le prend,	Il lui rend, Il le prend.	Il l'a dit à cet homme, &c. Il lui rend, Il le prend.	
O ciel, eſt-il poſſible, &c.	O ciel, eſt-il poſſible. Pere ſans amitié, &c.	O ciel, &c.	Eh! que m'importent, &c.

Figure 4: [Sedaine], *Félix, ou l'Enfant trouvé* (Paris: Veuve Ballard, au Louvre, 1777), p.65, 66. Collection particulière.

24 *LE DESERTEUR*, ACTE I.

SCENE VIII.

DES SOLDATS de Maréchauſſée, ALEXIS.

QUINQUE.

LE BRIGADIER.	II. SOLDAT.	III. SOLDAT.
Alte là, Soldat.		
	Alte là, Soldat.	
		Où courez-vous ?
Quoi, vous déſertez.	Quoi, vous déſertez.	
		Quoi, vous déſertez,
Mais c'eſt déſerter.	Quoi, vous déſertez,	
		Mais c'eſt déſerter.
Comment, il ne déſerte pas ?		
	Il dit qu'il veut ſortir de France.	
		Comment, il ne déſerte pas ?
		Suivons ſes pas.
	Prenez cet habit, Et voyons s'il fuit.	
Il l'avoit jetté Pour ſa ſûreté.		
Suivons ſes pas.	Suivons ſes pas,	
Voyons s'il court, &c.		Voyons, voyons ce qu'il va faire, Voyons, s'il court vers la frontiére.

SCENE

LE DESERTEUR, ACTE I. 25

SCENE VIII.

DES SOLDATS de Maréchauſſée, ALEXIS.

QUINQUE.

IV. SOLDAT.	ALEXIS.
	Je m'en vas.
	Je m'en vas.
	Oui, je m'en vas.
Où courez vous ?	
	Oui, je m'en vas, Pour toujours je quitte la France. Pour toujours je quitte la France.
Quoi, vous déſertez.	
	Non, non, je ne déſerte pas, Pour toujours je quitte la France. Pour toujours je quitte la France,
Mais c'eſt déſerter.	
On diroit qu'il eſt en démence.	
On diroit qu'il eſt en démence.	(*à part.*) Il faut mourir, hâtons ma perte. (*aux Sold.*) Je m'en vas, je déſerte. Oui, oui, c'en eſt fait, je déſerte. Oui, oui, c'en eſt fait, je déſerte.
Suivons ſes pas. Suivons ſes pas.	N'en doutez pas, Oui je m'en vas : Que le remors ſoit ton partage, Mon trépas ſera ton ouvrage : Ne me ſuis pas, monſtre cruel, Que notre adieu ſoit éternel.

D

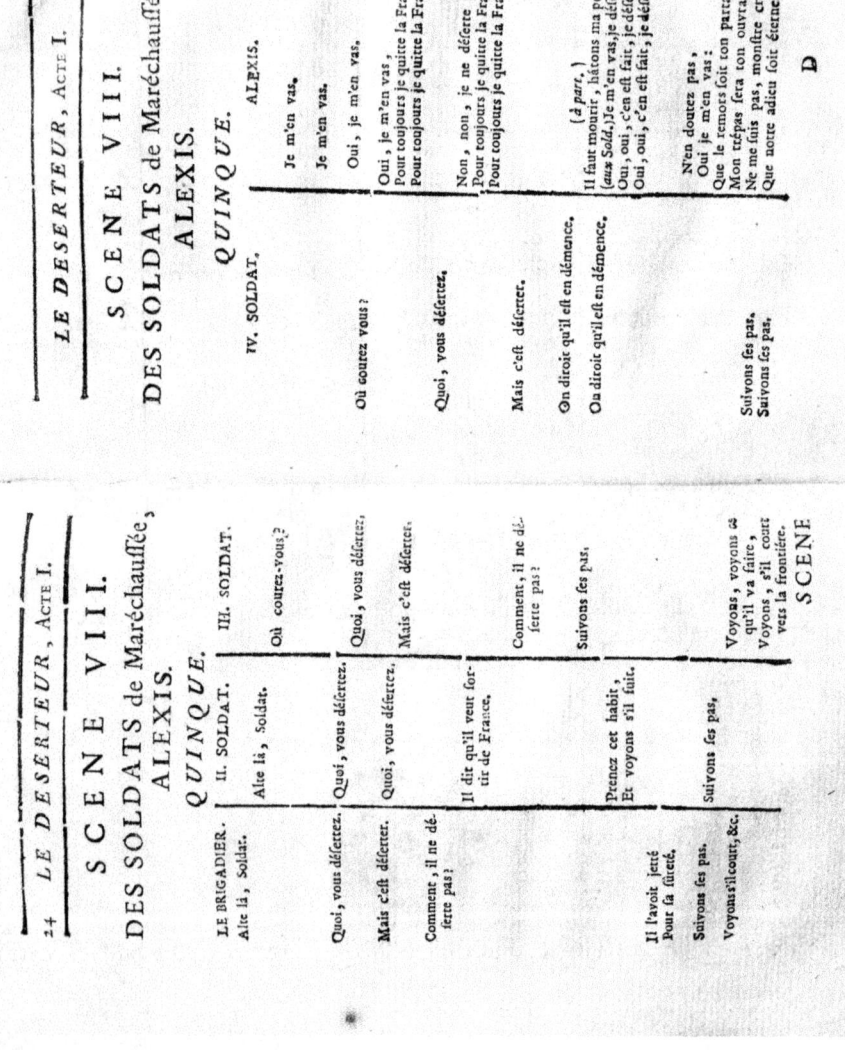

Figure 5: Sedaine, *Le Déserteur* (Paris: Hérissant, 1770), p.24–25. Collection particulière.

28 LE ROI

J'approche, & je le prends,
Pour faire endéver maman.

JENY.

Pour faire endéver votre maman! mais, Betſy, c'eſt fort mal.

BETSY.

Pourquoi m'a-t-elle donnée un ſoufflet? devant ce Monſieur encore.

JENNY.

Hé! pourquoi embraſſez-vous les hommes; Une grande fille de votre âge, une fille de quatorze ans! c'eſt honteux: & même vous ne devriez pas embraſſer votre frere, comme vous faites.

BETSY.

Jenny, auroit-on des moutons avec cela?

JENNY.

Oui.

BETSY.

Eh bien! Jenny, achetez un troupeau, je vous les donne.

Elle jette les pieces, partie dans ſa main, partie à terre.

JENNY *les ramaſſant.*

Betſy, Betſy, cette petite folle, elle pourroit bien les perdre.

SCENE IX.

RICHARD, JENNY.

DUO.

JENNY.

Un inſtant.

RICHARD.

Il m'attend.

JENNY.

Un inſtant.

RICHARD.

Il m'attend.

RICHARD.	JENNY.
Ah! je reviens;	Je reviens:
Je te vois, ah! quel bien.	Je te vois: Ah! quel bien.

RICHARD *une bouteille à la main.*

Il ſemble
Que tout ſe raſſemble
Pour nous donner quelque chagrin.
Un inſtant: depuis de matin
Eſt-il poſſible d'être enſemble?

JENNY.	RICHARD.
Un moment,	Il m'attend:
Seulement,	Quel tourment!
Un moment	Il m'attend,
Seulement,	Quel tourment!

Figure 6: Sedaine, *Le Roi et le fermier* (Marseille: Jean Mossy, 1773), p.28–29. Collection particulière.

exemple. Quoi qu'il en soit, il faut se souvenir que la présentation des ensembles musicaux dans les sources imprimées relève d'un compromis, et que seule la partition peut nous renseigner exactement sur les contours d'un mouvement musical de l'opéra-comique.

Il nous semble que l'édition critique d'un livret, dans la mesure où elle se base sur une édition de référence, doit scrupuleusement respecter la présentation de l'édition en question — y compris pour ces mêmes passages de musique. Il serait impossible dans le cadre d'une édition de texte de rendre compte de la variation de présentation d'un même texte, d'une édition à l'autre. Par conséquent, nous reproduisons soigneusement la présentation des airs et ensembles telle qu'elle apparaît dans l'édition de base, et n'intervenons que très rarement sur ces passages, par exemple dans un cas d'erreur manifeste. Nous ne reportons pas le détail de la distribution des voix dans la partition, et reportons comme variantes dans les livrets et autres sources seuls les passages où de nouvelles paroles sont employées.

Raoul, Barbe-bleue (1789)

'On conçoit difficilement que M. Sedaine, honoré par bien des succès mérités, ait trouvé digne de la scène française la tragédie des bonnes, des enfants & de la *Bibliothèque bleue*, qui a rendu si fameux sur nos quais M. ou Mme. Oudot, libraires de la ville de Troyes. Ce qu'il y a de plus étonnant encore, c'est que cet auteur estimable ait ôté à ce conte son innocente naïveté.'[1]

L'appréciation du *Journal encyclopédique* est assez représentative de la réaction de la presse du printemps 1789, face à *Raoul, Barbe-bleue*, étrange amalgame entre la légende de Barbe-bleue et le médiévisme en vogue à l'opéra-comique, et dit toute la complexité de ce genre protéiforme qui transforme, tout en l'adoptant, le conte narratif, qu'il soit populaire ou savant. Mais ce n'est pas le seul élément de l'œuvre à laisser les critiques perplexes: le genre et le ton ont également posé problème: s'agit-il d'une comédie ou d'une œuvre sérieuse? Comment réconcilier les aspects parodiques de l'œuvre avec son ton gothique? Cette perplexité ne s'est pas limitée au contexte de la création de l'œuvre; en 1875

[1] *Journal encyclopédique*, 15 avril 1789, III.2, 239–44. On trouvera aussi des comptes-rendus dans: le *Mercure de France*, 14 mars 1789; la *Correspondance littéraire*, avril 1789; et le *Journal de Paris*, 3 mars 1789. *L'Année littéraire* ne donna pas de notice de l'œuvre. Sur *Raoul* on consultera avec profit Charlton, *Grétry and the Growth of Opéra-Comique*, pp. 289–98; Arnoldson, *Sedaine et les musiciens de son temps*, pp. 199–204. La récente version du texte publiée dans une anthologie *Perrault en scène: transpositions théâtrales de contes merveilleux, 1670–1800*, ed. Martial Poirson (Saint-Gély-du-Fesc: Éditions Espaces 34, 2009) comporte une interprétation intéressante de cette œuvre, mais dans la mesure où elle ignore l'existence du manuscrit de l'œuvre, ne donne qu'un choix de variantes, et ne parle jamais de la musique de cet opéra-comique, nous pensons qu'une nouvelle édition est justifiée.

Auguste Thurner qualifie *Raoul, Barbe-bleue* d'‘aberration’, et de ‘pièce bouffie d'invraisemblances et barbouillée de noir de mélodrame’.[1]

Grâce aux travaux d'André Tissier nous pouvons cependant retracer la fortune de l'œuvre, qui en réalité fut plutôt respectable.[2] Entre sa création et le début du Directoire, elle aurait eu quatre-vingt-trois représentations, comme suit:

1789	16
1790	9
1791	16
1792	15
1793	12
1794	6
1795	9

En outre, Emmet Kennedy (dont les calculs sont cependant sujets à caution) compte cent huit représentations jusqu'à la fin de la décennie.[3] Nous savons peu de chose sur la genèse de cette œuvre en amont de la première qui eut lieu à la Comédie-Italienne le 2 mars 1789. Il y a cependant une continuité avec certaines œuvres antérieures de Sedaine: le médiévisme de *Richard, cœur de lion* en est un exemple frappant.[4] *Maillard, ou Paris sauvé* aussi était basé sur des événements du XIVe siècle; il semble même qu'*Aucassin et Nicolette* ait été écrit exprès pour La Curne de Sainte-Palaye.[5] Ce médiévisme est de fait l'un des aspects majeurs

[1] Auguste Thurner, *Les Transformations de l'opéra-comique* (Paris: Librairie Castel, 1875), p. 78. Voir aussi le jugement de La Harpe: ‘Tout le monde s'accorde aussi à trouver fort ridicule l'opéra-comique de Barbe bleue, que notre confrère Sedaine a été prendre dans la bibliothèque bleue, et tout le monde court le voir, et tout le monde a raison. Il est très-vrai que la pièce, d'un bout à l'autre, n'a pas le sens commun; mais Mme Dugazon y joue avec une telle supériorité, cette femme est une si charmante actrice, sa pantomime est si admirable, qu'on passe par-dessus tout pour avoir le plaisir de la voir’ (*Correspondance littéraire adressée à son altesse impériale Mgr le grand-duc, aujourd'hui empereur de Russie, et à M. le comte André Scowalow, chambellan de l'Impératrice Catherine II, depuis 1774 jusqu'à 1791*, 6 vols (Paris: Migneret, 1807), VI, 37–38).

[2] André Tissier, *Les Spectacles à Paris pendant la Révolution*, 2 vols (Genève: Droz, 1992–2002), II, 98, qui en outre précise: ‘à partir de la reprise du 20 octobre 1794, les journaux annoncent le plus souvent: *Barbe-bleue, ou le tyran puni*’.

[3] *Theatre, Opera, and Audiences in Revolutionary Paris: Analysis and Repertory*, ed. Emmet Kennedy et autres (Westport, CN: Greenwood Press, 1996), p. 239. Voir cependant les réserves de Tissier, *Les Spectacles à Paris pendant la Révolution*, I, 10, n. 3, & II, 18–20.

[4] On consultera avec profit Manuel Couvreur, ‘D'*Aucassin et Nicolette* au *Chevalier du soleil*: Grétry, Philidor et le roman en romances’, in *Medievalism and ‘manière gothique’ in Enlightenment France*, ed. Peter Damian-Grint (Oxford: Voltaire Foundation, 2006 [SVEC 2006:05]), pp. 124–51 (surtout pp. 128–33). On peut aussi consulter John Haines, *Eight Centuries of Troubadours and Trouvères: The Changing Identity of Medieval Music* (Cambridge: Cambridge University Press, 2004).

[5] Ledbury, *Sedaine, Greuze and the Boundaries of Genre*, p. 284; Lionel Gossman, *Medievalism and the Ideologies of the Enlightenment: The World and Work of La Curne de Sainte-Palaye* (Baltimore, MD: Johns Hopkins Press, 1968).

de toute discussion de l'œuvre depuis l'ouvrage de Georges Cucuel:

> Rien de plus amusant que les détails moyen-âgeux dont Sedaine avait rehaussé son texte; le décor représente 'la plus belle salle du château le plus délabré... il y a, accrochés dans cette salle, des casques, des cuirasses, des boucliers, des lances, des massues antiques, tels qu'ils étaient aux IXe et Xe siècles.[1]

Les gens de Raoul, 'dont la noblesse se perd dans la nuit des temps', sont habillés d'une même livrée, 'comme les valets de cartes'.[2] Mais la couleur historique ne se limite ni à la matière ni aux costumes (un exemple de ces derniers a été illustré dans les *Costumes et annales* de Levacher de Charnois).[3] La musique a également recréé une atmosphère sonique 'médiévale', selon Arnoldson qui fait état de nombreux échos musicaux de *Richard, cœur de lion*.[4] Mais il ne s'agit pas ici d'une nostalgie du 'bon vieux temps', car bien que le passé national soit évoqué, la matière dramatique mêle le charme à un sentiment d'horreur.[5]

L'un des principaux mérites du recueil *Perrault en scène* déjà cité est d'avoir souligné les liens étroits qui existaient au XVIIIe siècle entre le théâtre (notamment musical) et le conte, élément bien connu depuis l'article fondateur de Clarence Brenner.[6] Nous y apprenons l'importance primordiale de la légende de Barbe-bleue dans la deuxième moitié du siècle, l'amalgame intéressant fait par Sedaine entre cette légende d'une femme dont la curiosité est éprouvée par son mari, et l'histoire médiévale de Gabrielle de Vergy (membre d'un couple adultère), avec plusieurs autres intertextes intercalés: celui de Psyché (mentionné au cours de la scène 5 de l'acte II), et *Le Chat botté* du même Perrault (qui comporte un personnage nommé Carabas). Véritable toile intertextuelle, l'adaptation de Sedaine montre toute la complexité des références culturelles que peut faire l'opéra-comique tardif. Et ce genre théâtral a plusieurs affinités

---

1 Georges Cucuel, *Les Créateurs de l'opéra-comique français* (Paris: Félix Alcan, 1914), p. 195.

2 Ibid.

3 Jean Charles Levacher de Charnois, *Costumes et annales des grands théâtres de Paris, accompagnés de notices intéressantes et curieuses*, 5, 9 [1789], pl. face à la p. 75 et discussion pp. 75–77. Voir Charlton, *Grétry and the Growth of Opéra-Comique*, p. 292, pour une reproduction de la planche illustrant les costumes de Raoul et d'Isaure.

4 Arnoldson, *Sedaine et les musiciens de son temps*, pp. 201–02. Cf. F. Crozet, *Revue de la musique dramatique en France* (Grenoble: Imprimerie de Prudhomme, 1866–67), p. 305: 'Cette partition est remarquable par la couleur locale et la naïveté des chants; mais la pièce est si mal écrite, qu'elle n'a pu se soutenir longtemps au théâtre. On y remarque l'air de Raoul: Venez régner en souveraine; l'air d'Isaure: Est-il beauté que je n'efface; le duo: Ah! je vous rends, charmante Isaure; l'air d'Isaure: Je me meurs, que d'horreur; l'air [de la jardinière]: Il n'est plus de malheurs; l'air de Raoul: Perfide, tu l'as ouverte'.

5 *Perrault en scène*, ed. Poirson, p. 260.

6 Clarence D. Brenner, 'Dramatizations of French Short Stories in the Eighteenth Century: With Special Reference to the "Contes" of La Fontaine, Marmontel, and Voltaire', *University of California Publications in Modern Philology*, 33.1 (1947), 1–34.

avec les formes narratives comme le conte: il adopte volontiers la distanciation, l'ironie, le recyclage. Mais ces éléments exigent également une réorganisation de la trame, qui consiste à développer au maximum la découverte par Isaure du cabinet infernal de Barbe-bleue tout en atténuant le merveilleux et le féerique et favorisant un mélange singulier d'érotisme et de macabre. Tout cela a quelque peu dérouté les critiques; mais le *Mercure* a fait preuve d'un discernement prémonitoire, en déclarant que 'plus cette composition sera entendue, plus elle sera goûtée'. En effet, il s'agit d'une œuvre à vie longue, représentée jusqu'en 1840 dans les pays germanophones,[1] grâce en partie à une version allemande faite par Anton Fischer.[2]

On trouve une analyse des contes de Perrault dans le premier tome du *Cabinet des fées*, dont 'Barbe-bleue'.[3] Ce recueil donne une 'moralité' en vers pour chacun des contes; celle de Barbe-bleue est la suivante:

> La curiosité, malgré tous ses attraits,
> Coûte souvent bien des regrets!
> On en voit tous les jours mille exemples paraître.
> C'est, n'en déplaise au sexe, un plaisir bien léger:
> Dès qu'on le prend, il cesse d'être;
> Et toujours il coûte trop cher.

La curiosité féminine est elle-même un topos de l'opéra-comique, et permet une certaine grivoiserie, ce qui en soi explique en partie pourquoi ce thème a été retenu. Certains détails du conte sont repris par Sedaine: la sœur de l'héroïne s'appelle Anne, par exemple. Mais le côté féerique du conte disparaît totalement: dans l'original la clé dont Isaure se sert pour ouvrir la porte se teint de sang lorsqu'elle la referme, montrant ainsi qu'elle a cédé à sa curiosité, et elle ne peut enlever cette tache de sang, 'car la clé était fée'. L'illustration donnée dans le recueil montre le moment où Barbe-bleue, ayant découvert la curiosité de sa femme, cherche à la tuer à l'aide d'un coutelas (au moment après, ses frères arrivent pour la secourir).

L'héroïne est jugée assez sévèrement dans le conte: c'est 'une jeune imprudente' qui 'ne consult[e] que sa vanité', et qui 'cède à l'éclat dont elle est frappée, & au charme des présents'. Loin de l'innocence que lui attribuent les critiques de 1789, la jeune fille s'engage dans un mariage malheureux:

> On peut épouser un homme qui n'est point digne de trouver un cœur, lorsque des soins délicats & des galanteries intéressantes excitent la reconnaissance. Ce sentiment supplée à l'amour quand le cœur est bon, & que la raison est formée. Mais l'hymen n'est qu'un malheur, & qu'une

---

[1] Charlton, *Grétry and the Growth of Opéra-Comique*, p.298.

[2] Weber, 'Introduction to Grétry's *Raoul Barbe-bleue*'.

[3] *Le Cabinet des fées, ou collection choisie des contes de fées et autres contes merveilleux*, 37 vols (Amsterdam & Paris: Rue et Hôtel Serpente, 1785–89), I, vi–viii (analyse) et 9–16 (conte). Toutes nos citations proviennent des trois pages d'analyse données dans ce volume.

> source de repentirs, si la magnificence qui séduit n'intéresse que la vanité. C'est le sort qu'éprouva la jeune indiscrète, & c'est bien là le sujet d'une moralité.

Le recueil montre également que le conte doit inspirer la terreur aux enfants et ainsi 'leur apprend[re] à résister à une curiosité, à respecter leurs engagements, & à n'en pas prendre légèrement' (p. vii). Cependant, l'héroïne doit aussi inspirer de la pitié 'qui doit animer [un jeune cœur] un jour en faveur des malheureux' (p. vii). Et l'auteur imagine une épreuve de la sensibilité de l'enfant:

> Voulez-vous connaître la trempe de l'âme du tendre objet que vous élevez? Présentez-lui le spectacle du supplice que va éprouver l'imprudente qui a donné lieu à ce conte tragique. Si l'enfant babille, s'il n'est pas effrayé, & si la terreur de la victime ne passe pas dans son cœur, & ne se peint point sur sa physionomie avec les traits de la pitié, c'est du marbre que vous formez. (p. viii).

Il semble clair que cette source — la plus proche historiquement de Sedaine — envisage le conte comme un moyen d'éprouver et de développer le sentiment chez son lecteur enfant, et surtout de l'encourager à avoir pitié de l'héroïne qui, par légèreté, cède à un mouvement de curiosité jugé très humain mais toujours vicieux. Ceci explique peut-être pourquoi l'élément le plus critiqué de cette adaptation de la légende fut l'aspect moral: le *Journal encyclopédique* estima que le personnage d'Isaure n'était plus naïve comme dans la légende et manquait d'intérêt, entendu comme la capacité à exciter la compassion du spectateur, pour des raisons morales: elle se laisse trop facilement influencer par les richesses que lui propose Raoul et se sépare de son amant Vergi trop rapidement pour que l'on s'attendrisse à son égard. Ce qui amène des considérations d'ordre générique, car même si le conte se classe difficilement selon une dichotomie exclusive aux genres du théâtre (comédie/tragédie), le ton de ce récit est essentiellement sérieux et les émotions provoquées sont la pitié et l'horreur.

Mais dans un curieux passage d'un ouvrage classique sur Sedaine, E. Guieysse-Frère qualifie notre texte de 'fort ingénieux arrangement de la légende', et explique que 'la musique ne plut pas beaucoup au public et Sedaine partit pour Saint-Prix avec l'impression que l'opéra-comique gai et frivole ne répondait plus aux préoccupations de la nation et qu'il était trop vieux pour changer de genre'.[1] La *Barbe-bleue*, frivole? Les contemporains furent d'avis contraire. La réception de l'œuvre a été longtemps tributaire du compte rendu qu'en a fait Grimm dans sa *Correspondance littéraire*, qui loua ce qu'il considérait comme le nœud dramatique de l'œuvre — la scène où Isaure regarde dans le cabinet de Barbe-bleue — tout en critiquant le ton sérieux, gothique, considéré comme

---

[1] E. Guieysse-Frère, *Sedaine, ses protecteurs et ses amis* (Paris: Flammarion, [s.d.]), pp. 317–18.

inapproprié à la Comédie-Italienne. C'est un élément qui revient dans presque toutes les recensions de l'œuvre, mais ne s'agirait-il pas tout simplement d'une méprise de la part des contemporains? C'est l'avis proposé par l'édition récente de Jean-Yves Vialleton, qui souligne le côté volontiers fantastique et parodique de l'œuvre, le mélange des tons et la recherche d'effets théâtraux apportés par Sedaine à ce sujet rebattu:

> On a pu affirmer que Sedaine a traité le sujet 'non en opéra bouffon, mais en vrai drame sérieux' et inscrire la pièce dans une évolution qui ferait dériver à partir de 1762 l'opéra-comique vers le drame lyrique [...]. Cette affirmation est très exagérée: elle rend compte de la réception de la pièce plus que de son projet, et cette réception est marquée par un malentendu.[1]

Nous suivons volontiers l'argument que cette affirmation est 'exagérée', mais il ne faut pas non plus verser dans l'excès inverse: l'analyse qui sous-tend cette affirmation se base uniquement sur le livret et ne tient nullement compte de la musique qui, elle, s'attache à créer une ambiance sonore souvent déroutante, parfois pathétique, et rarement comique: pour son compositeur il ne s'agit nullement d'opéra bouffon.[2] Dans les deux seules mentions de *Raoul, Barbe-bleue* faites dans les mémoires de Grétry, le compositeur souligne les effets déroutants de la musique, créés en particulier par quelques innovations sur le plan de l'harmonie, et on y voit bien que l'effet visé n'a guère été celui de la gaieté:

> Avant de commencer cette pièce, j'avais surtout envie de faire aussi bien qu'il me serait possible, le 'Ma sœur, ne vois-tu rien venir?'[:] autant aurait valu ne pas faire la musique de ce drame, que de manquer ce morceau, dont la situation, comme dans le conte depuis cent ans, avait le droit de faire frémir tous les petits enfants, et de rappeler aux grands qu'ils furent petits. [...] Dans l'air: 'Venez régner en souveraine', chanté par Raoul, il y a trois quintes de suite; et deux, comme l'on sait, sont déjà défendues par les règles de l'harmonie; c'est à cet endroit, 'Venez régner en souveraine'. Le basson soutient des notes qui forment des quintes avec le chant, et cet effet est dur à l'oreille sans doute; mais si l'on fait attention que lorsque Raoul dit à Isaure: 'Venez régner en souveraine', c'est comme s'il lui disait: 'Venez chez moi pour y être égorgée, si vous êtes curieuse' (et le public sait qu'elle a ce défaut): les quintes alors font frémir l'auditeur, et c'est précisément ce que j'ai voulu.[3]

De même, dans une discussion de la ritournelle d'orchestre, Grétry décrit

---

[1] *Perrault en scène*, ed. Poirson, p. 255.

[2] À l'appui de son raisonnement, Vialleton mentionne (*Perrault en scène*, ed. Poirson, p. 255, n. 43) Arnoldson, *Sedaine et les musiciens de son temps*, p. 202; mais dans le passage en question, Arnoldson ne parle pas du drame bourgeois ni du drame lyrique (tous deux dérivés des principes de Diderot); mais du 'satanisme' qu'a introduit Sedaine dans *Le Magnifique*.

[3] Grétry, *Mémoires*, II, 54–55.

l'air 'Perfide, tu l'as ouverte' comme 'd'autant plus effrayant que Chénard le chante noblement et sans effort'. Ainsi, nous ne sommes pas convaincus que la tonalité de l'œuvre soit essentiellement parodique, en dépit de la présence de certains éléments mineurs allant dans ce sens. Nous trouvons plus convaincant l'argument de Vialleton selon lequel l'œuvre 'illustre l'esthétique d'un théâtre d'abord musical et spectaculaire, jouant des contrastes et à la recherche des "effets de théâtre"'.[1] Plutôt que dire que les contemporains aient mal compris l'œuvre, nous estimons plus volontiers qu'ils ont été surpris par cette 'bigarrure', élément certes central de l'œuvre de Sedaine depuis de nombreuses années, mais de moins en moins en vogue en cette fin du siècle, qui voit un grand nombre d'œuvres présentant un ton unifié sur la sensibilité.[2] C'est en effet une des caractéristiques majeures de sa dramaturgie, sur laquelle Mme Vandeul a bien insisté dans sa 'Notice historique sur Sedaine': 'Sedaine est le premier qui ait essayé de mêler avec succès des scènes bouffonnes à des scènes touchantes et pathétiques'.[3]

L'œuvre mêle donc les tons et les registres; mais est-il permis de considérer cette œuvre comme hybride sur le plan du genre? On nous objectera peut-être que *Raoul, Barbe-bleue* est étiquetée 'comédie', ou 'comédie mêlée d'ariettes' dans tous les livrets imprimés de l'époque (voir notre bibliographie plus bas). Mais *Le Philosophe sans le savoir*, drame par excellence, reçoit la même appellation en 1765: il n'est jamais nommé 'drame' dans les sources originales, mais 'comédie en prose'. Seules deux pièces de Sedaine reçoivent l'appellation *drame* dans leur édition princeps: *Le Déserteur* (1769) et *Le Comte d'Albert* (1786). Ainsi il n'y a pas en soi d'entorse aux principes du genre lorsque les contemporains jugent *Raoul, Barbe-bleue* selon les critères du drame sérieux. Mais le *Mercure* a trouvé que l'étiquette de comédie était néanmoins déplacée et que l'œuvre était essentiellement tragique: 'On appelle Raoul une Comédie, & on a tort. Oui, on a tort; mais la Tragédie est interdite au Théâtre Italien: il fallait un titre à l'Auteur'. (pp. 98–99)

On peut être surpris par l'insistance des journaux à penser en termes binaires (comédie/tragédie) alors que le drame, genre intermédiaire, existe depuis plusieurs décennies. Mais en réalité ce genre, tel qu'il est théorisé par Diderot ou Beaumarchais, présente peu d'éléments en commun avec notre texte: Beaumarchais exige 'un intérêt plus pressant, une moralité plus directe' — aspect compromis par le traitement d'Isaure, comme nous l'avons vu;[4] alors que

[1] *Perrault en scène*, ed. Poirson, p. 254.

[2] Voir l'étude récente de Cecilia Feilla, *The Sentimental Theater of the French Revolution* (Farnham: Ashgate, 2013). Encore faut-il reconnaître la variété du théâtre de la période révolutionnaire et ne pas généraliser.

[3] Vandeul, 'Notice historique sur Sedaine', p. 238.

[4] Pierre-Augustin Caron de Beaumarchais, 'Essai sur le genre dramatique sérieux', in *Œuvres*, ed. Pierre et Jacqueline Larthomas (Paris: Gallimard/Pléiade, 1988), p. 123.

Diderot demande une intrigue 'simple, domestique, et voisine de la vie réelle', des tableaux plutôt que des coups de théâtre, et surtout une émotion qu'il décrit ainsi:

> De l'intérêt, sans ridicule qui fasse rire, sans danger qui fasse frémir, dans toute composition dramatique où le sujet sera important, où le poète prendra le ton que nous avons dans les affaires sérieuses, où l'action s'avancera par la perplexité et par les embarras.[1]

Autrement dit, l'émotion du genre sérieux est relativement unifiée, hybride, et non pas bigarrée, la grande innovation de Sedaine.[2] Est explicitement exclu du drame le 'frémissement', émotion dominante dans les œuvres 'sataniques' de Sedaine, comme le *Magnifique* ou *Raoul, Barbe-bleue.*

En général il semble que les contemporains aient surtout critiqué les aspects légers ou comiques de l'œuvre. Le *Journal encyclopédique* a été choqué en particulier par la fête de la fin de l'acte II, qu'il juge déplacée dans une œuvre aussi sombre et qu'il décrit comme 'le remplissage le plus hors de propos qu'il fût possible d'imaginer' (p. 242). Le *Mercure de France* fait écho à ce jugement: 'Il y a dans cette fête intention de contraste; mais comme ce contraste laisse languir l'action dont il veut remplir le vide, il est difficile de repousser l'objection' (p. 98). La *Correspondance littéraire* se plaignit du ton de l'œuvre, critique pérenne des œuvres de Sedaine, sauf que la logique est ici celle de l'adéquation dramatique: 'Le reste de cette composition a paru manquer trop souvent de l'expression noble et sensible que demandaient le caractère et le ton général de l'ouvrage' (p, 434). Quant au *Journal de Paris*, son jugement positif sur la musique montre bien que ce n'est pas le côté comique qui a primé: 'il y a des morceaux d'un pathétique déchirant; de grands airs, des morceaux d'ensemble, ainsi que de grandes beautés d'orchestre, ont excité les plus vifs applaudissements' (p. 283). *Le Mercure* va même plus loin et se déclare d'accord avec le jugement du public: qu' '[i]l y a de l'intérêt dans l'Ouvrage; mais quand il y en a, il découle toujours d'incidents ou de situations atroces. [...] De pareils sujets ne devraient jamais être portées sur la scène, & sur-tout sur la Scène Lyrique' (p. 98–99). Cette bigarrure qui caractérise l'opéra-comique et qui a valu à Sedaine plusieurs comparaisons à Shakespeare (!) est l'un des aspects les plus difficiles à saisir pour un lecteur moderne tout comme pour les contemporains; le point essentiel à retenir est que malgré un malaise évident partagé par presque tous les critiques, le caractère pathétique ou déroutant de plusieurs morceaux musicaux a été voulu par Grétry, et parfaitement perçu par le public.

---

[1] Denis Diderot, *Entretiens sur le Fils naturel*, in *Œuvres esthétiques*, ed. Paul Vernière (Paris: Classiques Garnier, 1994), pp. 139, 136.

[2] Nous avons développé cet argument pour la première fois dans Mark Darlow, '*Nihil per saltum*: Eighteenth-century Views of Chiaroscuro in Spoken and Lyric Theatre', in *Art, Theatre, and Opera in Paris, 1750–1850: Exchanges and Tensions*, ed. Sarah Hibberd et Richard Wrigley (Aldershot: Ashgate, 2014), pp. 37–51.

La scène 8 de l'acte I — appelée par des critiques la 'scène des bijoux' — comporte un passage de récitatifs, le premier chez Sedaine depuis *Le Déserteur*, selon Arnoldson. Le récitatif s'emploie rarement chez Sedaine; il témoigne de l'importance de cette scène-clé, ainsi que de la volonté de faire de l'opéra-comique un genre musical sérieux. Le motif orchestral de cette scène inverse celui du premier duo d'Isaure avec Vergi ('Jamais je ne peux être à d'autres qu'à vous') et rappelle ainsi la question de la fidélité. Dans sa définition du récitatif, Rousseau déclare que, contrairement à l'air, 'dans le Récitatif, où les expressions, les sentiments, les idées varient à chaque instant, on doit employer des Modulations également variées qui puissent représenter, par leurs contextures, les successions exprimées par le discours du Récitant'.[1] En effet ici, le mouvement passe du fier refus ('Non, le serment fait à Vergi') au doute ('De quel éclat ce rubis se colore' sur un accord dissonant), le tout accompagné d'un mouvement frénétique d'orchestre, à un mouvement de larghetto exprimant le regret ('Ah, Vergi que n'es-tu maître de ce trésor?') et ainsi fait état de la progression psychologique du personnage, avant de donner lieu à un passage plus régulier ('Est-il beauté que je n'efface?') exprimant la résignation.

Pareille transition caractérise la scène 11, au cours de laquelle Vergi permet à Isaure de suivre les vœux de ses frères et d'épouser Raoul: elle comporte un duo ('Ah! je vous rends, charmante Isaure, les serments que vous m'avez faits') qui passe en mineur avant de terminer de nouveau en majeur avec les voix séparées par des sixtes ('mon cœur est à vous pour jamais et nos feux n'en seront que plus parfaits'), formant ainsi une scène d'adieux touchante.

Un grand contraste se produit entre la scène dite 'du cabinet' de la scène 8 de l'acte II ('Je me meurs, que d'horreurs'), particulièrement louée par Grimm avec sa ritournelle d'orchestre, et la fête qui la suit et qui termine l'acte II, plutôt gaie, dans les tonalités d'*Ut* majeur et *ré* mineur, puis un entracte en *La* majeur. Le *Mercure de France* du 14 mars 1789 s'en scandalise, comme le *Journal encyclopédique* (passages cités ci-dessus, p. 25). Mais l'angoisse est également dépeinte durant la fête, grâce aux brefs passages intercalés pour Vergi ('ma chère Isaure!') et pour Isaure ('Vergi!') (partition, p. 101); quant à la scène du cabinet qui précède immédiatement cette fête, le mouvement agité des cordes, les phrases entrecoupées ('Je me meurs ... que d'horreurs') en *ré* mineur, ainsi que les accents violents en font un moment d'horreur. C'est un bon exemple du goût de Sedaine pour les 'effets' théâtraux, goût condamné par François-Benoît Hoffman, qui trouve que Sedaine se sert trop des intrigues centrées sur l'enfermement physique et le secours, et qu'il répond ainsi au mauvais goût d'un public plus modeste de la fin du siècle:

> [Sedaine] a vu qu'une prison intéressait le peuple, il a montré deux actes de prison dans le *Déserteur*, une autre prison dans le *Comte d'Albert*, puis un

[1] Jean-Jacques Rousseau, 'Récitatif', in *Dictionnaire de musique*, in *Œuvres complètes*, 5 vols (Paris: Gallimard, 1965–95), v, 1009.

> château-prison dans *Barbe-bleue*, puis une tour-prison dans *Richard Cœur-de-Lion*, puis deux prisons dans *Aucassin et Nicolette*.[1]

Néanmoins, ce type d'intrigue centrée sur le 'secours', qu'on a appelé '*rescue opera*' en anglais, convoque bon nombre de thèmes qui ont dû interpeller un public révolutionnaire: l'exercice d'un pouvoir arbitraire, que la justice renverse, la libération, la fin de la tyrannie et, comme l'a montré David Charlton, le bien général que la mort de Barbe-bleue procure, selon les derniers couplets de l'œuvre:

> Ce tyran exécrable,
> Ce monstre abominable
> Expire sous vos coups,
> Et sa mort nous venge tous.

Dans une critique rétrospective, Hoffman estimait que l'aspect visuel était l'un des facteurs majeurs de l'impact des œuvres de Sedaine, et en effet plus d'un compte-rendu de l'époque parle des 'effets' créés par Sedaine dans *Raoul, Barbe-bleue*.[2] Dans certains cas, l'intérêt visuel compense les défauts stylistiques, qu'il s'agisse des dénouements spectaculaires, de l'usage de tableaux ou même (pour Hoffman) d'une esthétique de mélodrame avant l'heure. Même un critique aux goûts relativement classiques comme La Harpe a trouvé des compensations dans ces 'effets de théâtre', tout en soulignant le mauvais goût de l'œuvre:

> Jamais [Sedaine] n'a inventé plus mal. Eh bien! il est de fait que, malgré tant d'extravagances, la pièce a dû réussir. Quiconque y a vu l'actrice unique qui, à la toilette, représentait les Grâces avec un diadème, et un moment après amenait avec elle sur la scène la terreur, la mort et le désespoir, qui ne la quittaient plus, qui étaient dans ses yeux, dans ses pas, dans ses accents, dans tous ses mouvements; quiconque a vu ce spectacle avouera que, s'il est vrai qu'on n'aille chercher au théâtre que des émotions, on devait être content de la représentation de *Barbe-bleue*.[3]

---

1 François-Benoît Hoffman, 'Théâtre de l'Opéra-Comique, ou recueil des pièces restées à ce théâtre', in *Œuvres*, 10 vols (Paris: Lefebvre, 1828–29), IX, 509–42 (p. 529), cité par David Charlton, 'On Redefinitions of 'Rescue Opera', in *Music and the French Revolution*, ed. M. Boyd (Cambridge: Cambridge University Press, 1990), pp. 169–88 (p. 171).

2 Patrick Taieb, 'Un jugement de François Benoît Hoffman sur Sedaine en 1812', in *Michel-Jean Sedaine (1719–1797): Theatre, Opera and Art*, ed. David Charlton et Mark Ledbury (Aldershot: Ashgate, 2000), pp. 173–95 (pp. 181–83). Voir aussi l'article de Raphaëlle Legrand dans le même volume: '"Risquer un genre nouveau en musique": l'opéra-comique de Sedaine et Monsigny', pp. 119–39. La *Correspondance littéraire* d'avril 1789 dit, tout en reconnaissant que cette œuvre était plus bizarre qu'autre chose: 'On a bien reconnu ce drame dans la touche originale de son talent, cet art qu'il possède si bien de trouver des effets de théâtre absolument nouveaux dans les conceptions les plus simples comme dans les plus hardies' (p. 433).

3 La Harpe, *Lycée*, II, 478.

Guillaume Tell (1791)

'L'ouvrage respire la haine de l'oppression & l'amour de la liberté'.[1] Telle est l'appréciation donnée par le *Journal de Paris* dans une recension de la première représentation de l'opéra de Sedaine et Grétry, dont le librettiste souhaitait, selon son 'Avertissement', 'alimenter le feu sacré du patriotisme'.[2] Il s'agit de la dernière œuvre de Sedaine (à l'exception de son *Robin et Marion*, inédit); quant à Grétry, *Guillaume Tell* devait être sa dernière partition d'opéra-comique. Le sujet, quoique bien adapté à la situation politique de la France de 1791, n'était pas non plus neuf: c'est la tragédie éponyme d'Antoine Lemierre, représentée pour la première fois à la Comédie-Française le mercredi 17 décembre 1766 (et profondément remaniée en 1786, puis de nouveau en l'An II), qui servit de modèle. En effet, ce même Lemierre avait prononcé le discours accueillant Sedaine au sein de l'Académie française lors de l'élection de ce dernier en 1786, en remplacement de Watelet; dans ce discours de réception il louait le 'style simple' de l'écrivain.[3]

La tragédie de Lemierre avait été reprise au Théâtre de la Nation le 1er août 1790, soit deux semaines après la Fête de la Fédération; en plein ferment révolutionnaire, la représentation de cette œuvre puissante qui comporte un Gessler altier et cruel, débute avec le récit, par Melktal, de l'aveuglement de son père, et se termine par un appel à la liberté et aux armes, avait montré la voie pour que le genre de l'opéra-comique puisse, lui aussi, donner lieu à un traitement patriotique et révolutionnaire d'un thème historique.[4] Et la pièce de Lemierre fut l'une des trois que la loi du 2 août 1793 ordonna de représenter sur tous les théâtres parisiens une fois par semaine (!): c'est dire l'importance du sujet pour les Révolutionnaires. D'où sans doute l'hommage écrit par Sedaine, qui figure après l'avertissement dans le livret imprimé, à son confrère de l'Académie, dans lequel il le décrit comme avant-coureur de la liberté et insiste sur son immortalité (l'Académie n'est pas mentionnée: on comprend pourquoi). La stratégie de Sedaine mérite que nous nous arrêtions un instant: d'une part il donne un 'avertissement' qui témoigne de sa difficulté à faire représenter sa pièce en province en raison de la 'cupidité' des directeurs, et souligne l'utilité publique de sa pièce, et d'autre part il rend hommage à son prédécesseur pour

---

1 Au sujet de *Guillaume Tell*, on se reportera aux études suivantes: Guieysse-Frère, *Sedaine, ses protecteurs et ses amis*, pp. 327–35; Rey, *Notes sur mon village*, pp. 62–66; Charlton, *Grétry and the Growth of Opéra-Comique*, pp. 315–24; *Michel-Jean Sedaine (1719–1797)*, ed. Charlton et Ledbury, pp. 269–72, 289, 306.

2 *Journal de Paris*, 11 avril 1791, p. 408.

3 Voir p. 4 note 2 ci-dessus.

4 Antoine-Marin Lemierre, *Théâtre*, ed. France Marchal-Ninosque (Paris: Champion, 2006), pp. 189–255. Pour une documentation et une analyse plus amples, on consultera cependant de préférence l'édition de *Guillaume Tell* procurée par Renaud Bret-Vitoz (Rennes: Presses Universitaires de Rennes, 2005).

avoir traité ce thème, qu'il juge immortel. Rendre hommage à Lemierre permet par effet miroir de souligner la grandeur de son propre sujet. Il est également possible que Sedaine ait cherché à y démontrer son propre patriotisme, qui avait été mis en question depuis son œuvre de 1784, *Richard, cœur de lion*, accusée par certains de modérantisme, voire de royalisme, à cause de la présence, au sein de l'œuvre, du chœur 'Ô Richard, ô mon roi!'[1] *L'Almanach général des spectacles* (1791) ironise sur cette capacité qu'aurait Sedaine à adopter les valeurs du moment dans son adaptation de la légende de Tell, telle une girouette politique:

> Il a suivi l'impulsion du moment; et, s'il est condamnable en cela, il l'est en si nombreuse compagnie, qu'il n'y a pas moyen de lui en vouloir. Si l'*aristocratie* était le parti dominant, M. Sedaine serait aristocrate; il n'en faut pas douter.[2]

Jacques-Louis David, ami et protégé de Sedaine pendant sa jeunesse, était devenu, selon une lettre de sa fille 'le plus cruel de nos bourreaux', et il est possible que des raisons politiques furent prépondérantes dans cette animosité.[3] C'est ce que semble confirmer Mme Vandeul dans sa 'Notice historique sur Sedaine':

> Aussi supporta-t-il [Sedaine] fort patiemment l'étrange conduite de David. Cet homme, loin de se donner tous les soins nécessaires pour charmer les dernières années d'un vieillard dont la Révolution détruisait toutes les habitudes douces, lui causa le chagrin d'être le collègue des êtres féroces qui égorgeaient leurs concitoyens, le laissa dépouiller d'une partie de son logement pour ne pas dire que lui-même le lui fit ôter. [...] [Sedaine] avait aimé David dans sa jeunesse avec une tendresse infinie, parce qu'il s'était créé lui-même la supériorité de son art. Il avait pressenti le talent de l'enfant, il était fier de ses succès.[4]

Il est certain que la préface de Sedaine suggère un patriotisme très prononcé, bien différent du démocratisme plutôt modéré de ses autres œuvres, tout comme la 'scène patriotique' proposée pour la fin de l'œuvre, qui fait un amalgame entre les confédérés suisses et les révolutionnaires français, et que le *Journal des spectacles* a lourdement critiquée, tant sur le plan stylistique (véritable topos des appréciations critiques des pièces de Sedaine) que formel

1 Telle est l'hypothèse de Rey, *Notes sur mon village*, p. 63, qui trouve un écho dans la 'Notice' de J.-N. Dufort de Cheverny publiée dans Ledbury, *Sedaine, Greuze and the Boundaries of Genre*, pp. 309–17 (p. 314): 'toute l'europe connoit richard cœur de lion et les crimes dont quelques-unes de ses arriettes ont été le prétexte: en 1791, Sedaine fit Guillaume tell pour en effacer l'impression'.

2 *Almanach général des spectacles*, 1792, p. 147.

3 Lettre à Pixérécourt du 19 juillet 1826 signée 'la fille de Sedaine', Bibliothèque-Musée de l'Opéra: L.S.A. Sedaine, no. 6 (M.film: 3976). Sur les rapports entre David et Sedaine, voir Ledbury, '"Vous avés achevé mes tableaux"'; et Ledbury, *Sedaine, Greuze and the Boundaries of Genre*, chapitre 8: '"Vous y trouverez une famille": Sedaine and David'.

4 Vandeul, 'Notice historique sur Sedaine', p. 243.

('Le patriotisme n'est déplacé nulle part; mais le patriotisme n'impose pas aux artistes le pénible devoir de violer toutes les règles de la vraisemblance, et faire des anachronismes').[1] Cet 'amalgame grotesque' (Rey) était non seulement au goût du jour, mais faisait de *Guilllaume Tell* une 'œuvre importante' (Ledbury), en raison des différentes 'couches' politiques de l'œuvre, où le radicalisme sans-culotte voisinait avec une ferveur politique qui témoignait plutôt de l'atmosphère de 1791: un engouement pour la nouvelle politique du début du processus révolutionnaire.[2] En outre, Sedaine avait déjà signé des œuvres historiques commentant la politique de l'époque, comme *Maillard, ou Paris sauvé* (composé en 1772, mais pas représenté) qui traitait de la crise politique de la période de Maupeou sous couvert de l'histoire (médiévale, une fois de plus) d'Étienne Marcel,[3] ou *Raymond V* (représenté en septembre 1789 à la Comédie-Française) qui comportait des critiques voilées de Duras et (selon Gustave Desnoiresterres) Miromesnil et Papillon de la Ferté.[4] Alphonse Aulard trouve même son nom sur une liste des membres de la Société des amis de la Constitution datant de 1790.[5] Aucune inconséquence, donc, à ce que l'auteur s'intéresse au thème de la 'liberté' ni qu'il s'enthousiasme pour la période modérée de la Révolution, mais l'antimonarchisme de l'épître dédicatoire 'Aux Mânes de Lemierre' était nouveau pour cet auteur jadis favorisé par Catherine II. Pas étonnant donc que les journaux favorables à la Révolution

1 *Journal des spectacles*, 157, 16 Frimaire An II, pp. 1245–50 (p. 1249). Cette source critique également la réplique de Guesler à II.7: 'Tell (c'est ainsi qu'on te nomme), | Tu remportais tous les prix: | À l'instant je veux voir comme | Tu remportais tous les prix | À cinquante pas *préfix*; | Il faut abattre une pomme | Sur la tête de ton fils' (pp. 1246–47).

2 Ledbury, *Sedaine, Greuze and the Boundaries of Genre*, p. 305.

3 John Dunkley note en particulier le lexique de 'despotisme' et de 'patriotisme' courant dans les années 1770 (*Maillard, ou Paris sauvé* & *Raimond V, comte de Toulouse*, ed. Dunkley, pp. 30, 33), mais dans la mesure où c'étaient les 'mauvais conseillers', et non le roi lui-même, qui avaient provoqué la crise (excuse classique du temps), 'on ne peut rien conclure [...] sur l'attitude profonde de l'auteur à l'égard de la royauté' (p. 26) dans *Maillard, ou Paris sauvé*.

4 Gustave Desnoiresterres, *La Comédie satirique au XVIIIe siècle* (Genève: Slatkine, 1970), p. 266.

5 F.-A. Aulard, *La Société des Jacobins: recueil de documents pour l'histoire du club des Jacobins à Paris*, 6 vols (Paris: Jouaust-Noblet-Quantin, 1889–97), I, lxxii. Aulard explique que la Société des amis de la Constitution séante aux Jacobins fit imprimer, le 21 décembre 1790, une liste de ses plus de 1100 membres (p. xxxiii); le nom Sedaine y figure, mais sans autre précision: c'est donc Aulard qui déclare que 'c'est sans doute Michel-Jean Sedaine' (p. lxxii). Le cas n'est donc pas prouvé, mais ne manque pas de vraisemblance, dans cette période d'enthousiasme pour les réformes révolutionnaires, étant donné que ses contemporains confirment son engouement pour les principes révolutionnaires. Nous ne savons par contre pas si un membre de deux académies royales aurait pu se permettre cette affiliation: après 1791, sans doute pas; mais dans les premières années de la Révolution il n'y eut pas nécessairement de contradiction. Notons par ailleurs que les noms de La Harpe (sans autre précision, mais que Aulard identifie au littérateur), de Cailhava, de David, de Fabre d'Églantine, de Fenouillot de Falbaire, de Talma, s'y trouvent également, ce qui démontre la diversité des membres de cette association.

soulignent cet aspect: lors d'une reprise de l'œuvre, le *Journal des spectacles*, tout en critiquant son style, écrivit: 'les sentiments civiques du citoyen *Sedaine*, sont infiniment louables, et [...] il serait à désirer que tous les auteurs suivissent son exemple'.[1]

Le thème se prêtait parfaitement à ce traitement révolutionnaire car il s'agissait d'une légende historique qui avait acquis le statut de mythe fondateur. S'appuyant sur l'historien suisse Johannes von Müller qui avait décrit les luttes et le triomphe des confédérés, ainsi que sur des éléments moins bien attestés mais tout aussi essentiels, comme le personnage folklorique de Wilhelm Tell, l'enjeu était celui d'une tension entre les Habsbourg et les cantons dont l'autonomie croissait depuis le XIIe siècle: c'est la nomination de baillis par les Habsbourg pour surveiller ces cantons qui entraîna des rébellions, comme à Uri (au début du treizième siècle) puis à Schwyz (à partir de 1240). Les légendes se focalisent sur les mauvais traitements subis par ces cantons aux mains des baillis, notamment après la mort de Frédéric II et l'élection en 1273 de Rudolph, bien plus hostile aux cantons que son prédécesseur. En 1291, une ligue s'établit: ce pacte d'aide mutuelle entre les trois cantons d'Uri, Schwyz, et Unterwald est l'ancêtre de la confédération suisse. On voit bien comment de telles légendes se prêtaient à merveille aux discours de la liberté (même si en réalité les cantons ne cherchaient qu'une relative autonomie sous la forme d'un gouvernement local).

On sait peu de choses sur la genèse de l'œuvre. Sedaine a vraisemblablement entamé son travail sur *Guillaume Tell* à l'hiver 1790 (le manuscrit porte les mentions '16 novembre 1790' pour l'acte I, et '22 novembre 1790' pour l'acte II; l'acte III n'y est pas daté). La première de l'œuvre eut lieu le 9 avril 1791, mais c'est une reprise en 1793 qui donna lieu à la publication d'un livret imprimé (chez Maradan, portant la mention 'An II') et d'une partition gravée. Aussi remarque-t-on quelques disparités — parfois de grande ampleur — entre ces sources, qui nous permettent de rendre compte d'une partie de la gestation de l'œuvre. Quant aux 'étiquettes' génériques données à l'œuvre, celles-ci sont flottantes. Il s'agit d'un 'drame tragique' à la p.1 du manuscrit de l'acte I du livret, alors que la qualification de 'drame lyrique', plus fréquente à l'époque, figure à l'acte II. Le livret publié chez Maradan qualifie l'œuvre tout simplement de 'drame'.

André Tissier fait état de neuf représentations au cours de l'année 1791, et quinze en 1792. Il mentionne un nouveau dénouement écrit pour le 10 mars 1792. Selon Charlton et Ledbury, les représentations auraient ensuite cessé, pour reprendre le 30 septembre 1792. Tissier compte soixante et une représentations entre 1792 et la première moitié de 1795.[2] L'avertissement montre que Sedaine avait initialement souhaité voir représenter son œuvre 'sur les grands théâtres

1 *Journal des spectacles*, 157, 16 Frimaire An II, p. 1245.

2 Tissier, *Les Spectacles à Paris pendant la Révolution*, I, 79, & II, 97.

des départements, tels que ceux de Bordeaux, de Lyon, de Toulon, &c. [...] mais mille circonstances s'y sont opposées, et l'une des plus fortes est celle qu'a brisée le décret rendu par la Convention nationale, par lequel les Auteurs dramatiques ont été mis en possession de leurs propriétés, et dont voulait les priver l'avidité de quelques directeurs des grands théâtres de plusieurs départements'.[1] Il est vraisemblable que la parution du livret ait eu lieu après le 1er septembre 1793, date à laquelle la propriété des auteurs dramatiques a été finalement reconnue.[2]

Notons que l'œuvre, toute pionnière qu'elle fût sur le plan politique, se montra également novatrice dans sa dramaturgie. On voit dans la musique de Grétry des effets de couleur locale dans les premières scènes: les réminiscences de Bouilly (quoique généralement sujettes à caution) parlent d'un séjour que Grétry entreprit en Suisse pour étudier la musique locale.[3] De tels effets sont perceptibles dans l'ouverture, dans les références au flutiau, l'emploi d'un Ranz des vaches, que Rousseau avait cité dans son *Dictionnaire de musique* comme un exemple de musique 'chérie des Suisses', qui 'excitait en eux l'ardent désir de revoir leur pays', et même le yodel du premier trio ('On ne peut de trop bonne heure'). Ce sont des aspects cruciaux du mythe à partir de l'œuvre de Lemierre, comme l'a remarqué Renaud Bret-Vitoz, effets qui seront accentués dans chaque version successive.[4] Grétry insiste sur le 'coloris musical' qu'il croit avoir renforcé dans *Raoul*, *Barbe-bleue*, *Pierre le grand*, et *Guillaume Tell*, et dit en particulier, concernant ce dernier, que:

> L'énergie révolutionnaire devait se faire sentir; mais à travers ce sentiment

---

1 Comme nous l'avons signalé, Sedaine en effet participait au Bureau de législation dramatique qui avait œuvré pour faire reconnaître la propriété des œuvres dramatiques des auteurs vivants; la loi du 13–19 janvier 1791 leur avait donné gain de cause, mais les entrepreneurs dans les provinces continuaient à enfreindre la loi. C'est la *Loi relative aux Conventions faites entre les auteurs dramatiques et les directeurs de spectacle, du 30 août 1792* à laquelle fait référence Sedaine ici, qui annule la loi de janvier 1791 en ce qui concerne les droits des entrepreneurs.

2 *Décret de la Convention nationale, du 1er septembre 1793 [...] qui rapporte la loi du 30 août 1792, relative aux Ouvrages dramatiques, et ordonne l'exécution de celles des 13 janvier 1791 et 19 juillet dernier* (Chaumont: chez Cousot, 1793).

3 J.-N. Bouilly, *Mes récapitulations*, 3 vols (Paris: Louis Janet, [1836–37]), I, 348–49: 'Grétry m'avoua qu'il lui en coûtait beaucoup de ne pas visiter mon pays et ma famille; mais outre les devoirs sacrés que sa femme avait à remplir sur les bords du Rhône, un second motif le déterminait à l'accompagner. Sedaine le fécond, le fidèle associé de ses travaux, Sedaine venait de lire au Théâtre-Italien un nouvel ouvrage intitulé *Guillaume Tell*; et lui en avait remis le manuscrit. Cette pièce caressait l'opinion du jour, par les détails et les tableaux qu'elle offrait en faveur de la liberté. Grétry né Liégeois, n'était pas insensible à l'idée de l'égalité des droits; et plus qu'un autre, il désirait coopérer au nouveau système politique dont le but était de rendre tous les hommes égaux devant la loi, et de ne plus accorder de distinction qu'à la célébrité personnelle. [...] Il se proposait donc de mettre dans la partition de *Guillaume Tell*, cette couleur locale, cet élan civique, ce cri de patrie et ces chants si vrais de la Suisse, susceptibles de produire à la scène le plus grand effet, les plus vives impressions'.

4 Lemierre, *Guillaume Tell*, ed. Bret-Vitoz, p. 16.

> terrible, quelques traits champêtres indiquant la candeur des habitants de la Suisse, s'y font partout entendre; ils semblent dire: 'C'est pour conserver nos vertus que nous nous insurgeons.'[1]

Tout cela, aussi novateur soit-il sur le plan musical, a également une fonction dramatique importante: l'établissement d'une atmosphère d'harmonie pastorale qui montre la cohésion sociale des cantons et qui permet un décalage dynamique lorsque, à la fin de l'acte, on apprend la cruauté de Guesler. Dans l'œuvre, ce contraste manque d'impact car il arrive fort tardivement (le récit de son ordre a lieu à la scène 10 du premier acte, peu avant la finale), mais démontre l'héritage générique de l'œuvre, l'opéra-comique se spécialisant dans ce genre d'expositions. En effet l'atmosphère musicale de tout l'acte I (sauf la finale) est celui d'une longue célébration. On remarquera également la 'Scène des voyageurs', et surtout le chant populaire de la scène 7 ('Noisette'): cette 'esthétique du tableau' fut remarquée par le *Journal de Paris*, qui loua cette 'pièce [...] pleine de tableaux & de mouvements'.[2] Il s'agit d'un chant pseudo-folklorique auquel Grétry donne un caractère mélancolique avec une harmonie inhabituelle et une pédale sur *Fa* dièse. La chanson du matin de noces ('Puisses-tu ma fille, un jour') de la scène 3 de l'acte I, moment où Mme Tell pose la couronne nuptiale sur la tête de la promise, est également novatrice harmoniquement et produisit un grand effet: Joseph Fiévée écrit, dans la *Chronique de Paris*: 'Ce moment présente une simplicité de mœurs si rare, une joie si douce qu'il est impossible de n'en pas être attendri'.[3] Tardivement, Sedaine et Grétry ont modifié la fin de l'acte I. La scène qui figure sur le manuscrit (l'arrivée d'un soldat qui fait part aux personnages du décret de Guesler s'appliquant à quiconque passera devant l'épieu coiffé d'un chapeau) en effet fut supprimée en raison de sa redondance: on apprend déjà à la scène 10 l'existence de ce décret, et à sa place une nouvelle scène est donnée, presque entièrement pantomime, au cours de laquelle Mme Tell menace ledit soldat avec un couteau. Cette scène (et des scènes semblables à l'acte II) fait de Mme Tell un personnage fort et bien développé dans l'œuvre, contrairement à son mari. On a émis l'hypothèse que Sedaine voulait éviter de trop développer ce dernier, de peur de provoquer des analogies — on disait à l'époque des 'applications' — avec des personnalités de la Révolution française. L'œuvre avait en effet, selon Rey, reçu des 'applications' concernant la mort de Mirabeau, qui eut lieu en 1791.[4] Par conséquent, c'est plutôt Melktal père qui est important ici, comme le notaient à l'époque les *Affiches, annonces et avis*

---

1 Grétry, *Mémoires*, II, 55.

2 *Journal de Paris*, 11 avril 1791, p. 408.

3 *Chronique de Paris*, 101, 11 avril 1791, pp. 401–02.

4 Rey, *Notes sur mon village*, p. 63, citant la *Chronique de Paris*, 101, 11 avril 1791, pp. 402–03; sans doute s'agit-il du passage suivant: 'On a vivement applaudi une phrase de Guillaume Tell au vieux Melktal qui veut se mêler parmi les combattants. *Restez*, lui dit-il; *la mort d'un grand homme met la patrie en deuil!*' (p. 402).

divers. Quant au chœur, il joue également un rôle de premier plan car il incarne le 'peuple' et commente les injustices commises au nom de Guesler.

Mais ce n'est qu'à l'acte II qu'est présenté ce personnage, dont l'agressivité est caractérisée musicalement. La partition comporte un air, absent du manuscrit et donc vraisemblablement ajouté tardivement, dont l'incipit est 'Non, jamais'. On apprend dans le dialogue son désir de vengeance contre Tell. Charlton souligne les motifs musicaux descendants qui caractérisent les Autrichiens en général, à la différence des Suisses. Le chœur de la scène 8, 'Nous vivons, et nous souffrons', fut jugé 'sublime' par Fiévée.[1] Mais la clé de cet acte, et la scène la mieux connue, est incontestablement celle du tir: une série de mouvements musicaux sans dialogue, au cours desquels Tell est obligé, sous l'ordre de Guesler, de percer une pomme placée sur la tête de son fils. La scène fait partie intégrante de la légende et figure dans toutes les représentations théâtrales; l'atmosphère de forte tension dramatique est ici rehaussée par le silence qui environne le tir lui-même. L'actrice qui incarne le fils de Guillaume est placée dans les coulisses (sans doute en partie pour des raisons pratiques). Alors que le manuscrit parlait de silence, le livret imprimé fait référence plus explicitement à une triple hésitation de Tell face au danger que court son fils, une invocation aux cieux et les pleurs des personnages féminins, ce qui augmente considérablement l'intensité dramatique de la scène.

Une musique d'entracte, fait également novateur dans le genre de l'opéra-comique, peint le tonnerre: selon une note du livret, 'Si cette pièce eût été donnée sur le théâtre de l'Opéra, ou se donnait sur un grand théâtre, le fond de la scène pouvant représenter une grande étendue du lac, on verrait l'embarquement, dans l'entre-acte, rempli par un grand morceau de musique; on verrait la tempête s'élever, la barque tourmentée, se perdant sous les flots amoncelés, disparaître; après un grand coup de tonnerre, reparaître, et Guillaume Tell la conduisant, et s'élançant ensuite sur le rocher'. On remarquera l'usage important de la pantomime dans ces scènes, accompagnée de musique orchestrale, qui participent de l'esthétique du mélodrame tel qu'il est défini au XVIIIe siècle. Il s'agit également d'un rôle important donné à la nature, qui sera encore plus accentué par Schiller.

Le troisième et dernier acte, très largement récrit par les créateurs, fut néanmoins jugé défectueux par la presse de 1791.[2] On soulignera cependant le chant de Roland ('à Roncevaux') qui sonne l'appel au patriotisme, et la pantomime de la scène 8. Quant à la scène patriotique ajoutée au livret, qui devait terminer l'œuvre, elle comporte le chant de la Marseillaise devenu un

---

1 *Chronique de Paris*, 101, 11 avril 1791, p. 402.

2 'Le dernier acte a paru inférieur aux deux premiers', estime le *Journal de Paris*, 11 avril 1791, p. 408; 'Le troisième acte est presque nul; tout l'intérêt n'est, pour le spectateur, qu'un intérêt de réflexion', *Chronique de Paris*, 101, 11 avril 1791, p. 402.

aspect typique des productions révolutionnaires, ainsi qu'une allusion très claire à la Fête de la Fédération (dans le chant conclusif de Melktal dédié à la postérité). Pour les journaux à tendance démocrate, ce fut cependant une déception: 'Cette représentation a été suivie d'une scène qui calomnie la liberté, & dont les auteurs sont infiniment répréhensibles,' écrit Fiévée dans la *Chronique de Paris*.[1] Notons également que dans les premières versions, Guesler est expulsé comme il se doit dans une œuvre créée dans une période de relatif consensus politique et culturel, alors que dans les productions pendant la Terreur l'expulsion laisse place à la mort, ce dont témoignent le livret et la partition, comme l'a indiqué Monique Abud dans l'une des premières études de cette œuvre, restée inédite.[2]

À son époque, la musique de Grétry fut louée, tandis que le texte de Sedaine fut jugé défectueux: 'Dire que [la musique] est de M. Grétry, c'est annoncer qu'il s'y trouve des morceaux du plus grand mérite'.[3] Arnoldson souligne comment les paroles chantées sur l'air de la Marseillaise à la fin sont 'mal ajustées' à la mélodie.[4] Le jugement du *Journal des spectacles*, selon lequel 'jamais poésie ne fut moins rythmique' est à cet égard fort significatif.[5]

Après *Guillaume Tell*: fragments et œuvres inédites

Pour terminer cette brève introduction nous rappelerons le mot de Constance Pipelet dans son *Éloge de Sedaine*, prononcé peu après la mort de l'écrivain devant le Lycée des arts: 'Quoique *Guillaume Tell* soit la dernière pièce qu'il ait fait représenter, elle ne fut cependant pas son dernier ouvrage. Il vécut encore six ans après cette époque, et l'homme de Lettres ne peut vivre sans produire. Il fit donc, pendant cet espace de temps, quatre autres pièces, que des circonstances ont empêché de paraître, et qui seront imprimées dans le recueil général de ses œuvres'.[6] Nous avons en effet trouvé des traces de quatre œuvres nouvelles produites à la fin de la vie de Sedaine, ainsi que deux vieilles œuvres écrites avant 1789 et remaniées tardivement pour la scène. Il reste des traces fragmentaires de plusieurs d'entr'elles et, dans le cas des deux œuvres remaniées, des sources complètes. Voici, tout d'abord, le tableau de ces projets.

---

1 *Chronique de Paris*, 101, 11 avril 1791, p. 402.

2 Abud, 'Étude sur le livret du Guillaume Tell de Sedaine/Grétry: de la première représentation (1791) à celle de 1793', Mémoire de D.E.A., Université de Tours, 1997.

3 *Journal de Paris*, 11 avril 1791, p. 409.

4 Arnoldson, *Sedaine et les musiciens de son temps*, p. 206.

5 *Journal des spectacles*, 157, 16 Frimaire An II, p. 1248.

6 *Éloge historique de M. J. Sédaine [sic], par Constance D. T. Pipelet* ([Paris]: Desenne, et au Lycée des arts, 1797), p. 22.

Titre	*Date et lieu de représentation*	*Compositeur*	*Livret/ partition*	*Source littéraire*	*Remarques*
Pagamin de Monègue, 1 acte	Théâtre de la rue Louvois, 29 mars 1792, 2 représentations	Bernardo Porta	Bibliothèque-Musée de l'Opéra: CS-1017 BnF-Musique: ms.14989	Boccace, *Décaméron*, II.10	Proposé à l'Opéra, rejeté en 1785?
Bazile, ou à trompeur, trompeur et demi, 1 acte	Opéra-Comique, 17 octobre 1792, 2 représentations	Grétry	Liège: Musée Grétry [fragments] et Bruxelles: Bibliothèque Albert 1er [fragments]	Cervantès, *Don Quichotte*, II.20-21	
La Blanche haquenée, opéra lyri-comique, 3 actes	Opéra-Comique, 22 mai 1793,[1] 1 représentation	Bernardo Porta	—	—	
Albert, ou le service récompensé	Opéra-Comique, 7 décembre 1794[2]	Grétry	—	—	Remaniement du *Comte d'Albert*
Robin et Marion, 1 acte	Non représenté	Monsigny	Bibliothèque-Musée de l'Opéra: Rés.2140 (1–2)	Adam de la Halle, *Le Jeu de Robin et Marion*	mss. datés de 1795 [18 Germinal An III]
L'Amoureux goutteux	Non représenté	Stanislas Champein	BnF-Musique: ms.17314 [1807] [fragments]	—	
Philémon et Baucis, 1 acte	Non représenté	Monsigny	Archives nationales: O/3/281 [livret datant vraisemblablement du début du XIXe siècle]	Ovide, *Métamorphoses*, VIII	Représenté chez le duc d'Orléans, 1782? Proposé à l'Opéra, rejeté en 1785?

[1] Comme l'indique *Tissier, Les Spectacles à Paris pendant la Révolution*, II, 89, la première a été annoncée pour le 16 mai, puis reportée, suite à l'indisposition d'un des acteurs. Tissier confirme également que la représentation n'a pas pu être terminée.

[2] *Tissier, Les Spectacles à Paris pendant la Révolution*, II, 95, indique qu'à partir de la reprise du 7 décembre 1794, la pièce est annoncée sous le titre *Albert [et Antoine], ou le service/bienfait récompensé*.

Mme Vandeul fait également allusion dans sa propre notice à quatre œuvres supplémentaires, *La Trompe nocturne*, *Célestine*, *Robert*, et *Gil Blas*, mais aucune trace d'œuvres portant ces titres n'a été retrouvée.[1] Plusieurs sources évoquent un *Protogène* (qui aurait été donné à Philidor) mais nous n'avons pas trouvé de traces de cette œuvre non plus.

(i) *Pagamin de Monègue, Philémon et Baucis*

La première des œuvres dont il reste une trace sûre, *Pagamin de Monègue*, a été représentée deux fois à partir du 29 mars 1792 au Théâtre de la rue Louvois, édifice nouvellement construit pour de Lomel en 1791 suite à la Loi Le Chapelier, et qui fut réutilisé au XIXe siècle, d'abord pour servir de locaux pour l'Opéra, puis pour le Théâtre-Italien. *Pagamin de Monègue* est une adaptation d'un épisode du *Décaméron*: il s'agit de la dixième nouvelle de la deuxième journée, sur le mariage de Ricciardo di Chinzica et l'enlèvement de sa femme par un corsaire nommé Paganino da Mare. La musique de l'ultime version de *Pagamin de Monègue* a été faite par Bernardo Porta (1758–1829), compositeur italien actif à Paris, probablement à partir de 1788,[2] qui a aussi écrit la partition d'une nouvelle version du *Diable à quatre* de Sedaine pour sa représentation à l'Opéra-Comique à partir du 14 février 1790, ainsi que celle de *La Blanche haquenée* (voir ci-dessous); Ledbury y voit l'influence de Jacques-Louis David, lié avec Porta à cette époque, comme avec Sedaine.[3] Dix années auparavant l'œuvre aurait été proposée à l'Opéra, avec une partition de Monsigny.

Cette première version a été reçue à l'Opéra en juin 1781 avec une autre œuvre de Sedaine, *Philémon et Baucis*. Une résolution prise par le comité le 4 mai 1782 déclare les deux œuvres 'dignes de la réputation de leurs auteurs' et affirme qu'elles 'pourront être mises en répétition vers le mois d'octobre'.[4] Cependant les répétitions n'ont pas eu lieu comme prévu: Sedaine doit relancer le ministre Amelot le 10 octobre de la même année, lui rappeler la réputation de Monsigny, et l'urgence, étant donné que Monsigny doit bientôt subir une opération de la cataracte.[5] Et le 16 novembre, un rapport du comité fait état d'une réclamation reçue de la part de Sedaine et de Monsigny et de la réponse qu'il a envoyée, que des 'auteurs de cette réputation [...] méritent que par des efforts particuliers Le

[1] Vandeul, 'Notice historique sur Sedaine', p. 246.

[2] *Tissier, Les Spectacles à Paris pendant la Révolution*, I, 256.

[3] Mark Ledbury, 'Musical Mutualism: David, Degotti and Operatic Painting', in *Art, Theatre and Opera in Paris, 1750–1850*, ed. Hibberd et Wrigley, pp. 53–76 (p. 73, n. 17).

[4] Concernant la date de ce premier examen, on peut supposer que la mort du duc d'Orléans y est pour quelque chose; c'est en tout cas ce que laisse entendre *l'Encyclopédie* de Lavignac et de la Laurencie: il est possible que Monsigny, libéré de sa place d'intendant de sa musique, se tourne vers des projets publics: *Encyclopédie de la musique et dictionnaire du conservatoire. Deuxième partie*, ed. Albert Lavignac et Lionel de la Laurencie, 6 vols (Paris: Delagrave, 1927), VI, 3544, col. 2.

[5] Rey, *Notes sur mon village*, pp. 36–37.

Comité tâche de s'occuper de leur ouvrage'. Il précise en outre que *Philémon et Baucis* et *Pagamin de Monègue* pourront être représentés à la suite de *Péronne Sauvée* (opéra en quatre actes de Nicolas Dezède) 'si le Ministre veut bien en donner l'ordre'.[1] Mais pour une raison que nous ignorons l'affaire en resta là, comme le montre une lettre de Dauvergne du 4 juin 1785 qui se montre lui aussi plutôt favorable à ces deux petits opéras.[2] Dauvergne, revenu à la direction de l'Opéra en 1785, a vraisemblablement été sollicité au sujet de ces œuvres abandonnées, ce qui explique le contenu de sa lettre. Mais il ne reste pas de trace ultérieure de ces deux œuvres dans les archives de l'Opéra, et on doit en conclure qu'elles ne furent pas mises en répétitions; elles n'ont en tout cas pas été représentées.[3] L'explication que donne Dauvergne, selon laquelle le comité a dû revenir sur son opinion favorable, et que lors d'un nouvel examen pendant l'automne les deux œuvres ont été jugées défectueuses, n'est pas tout à fait confirmée par le rapport du comité, qui indique son accord jusqu'en novembre. Quoi qu'il en soit, il nous paraît vraisemblable que Monsigny ait cédé sa partition de *Pagamin de Monègue* à Sedaine en 1782, qui aurait d'abord chargé Désaugiers d'y apporter des améliorations, car cela expliquerait la présence de deux partitions, l'une conservée dans le fonds du Conservatoire au département de la musique de la BnF, et l'autre, inachevée, à la Bibliothèque-Musée de l'Opéra. L'une est vraisemblablement un remaniement de l'autre. On peut également en conclure que la représentation de *Pagamin de Monègue* au Théâtre Louvois (1792) a été due soit à son refus par l'Opéra ultérieurement à 1785, soit au refus d'un des deux compositeurs mentionnés de faire les remaniements jugés nécessaires. Dans tous les cas, c'est là un effet de la loi Le Chapelier, qui supprime le privilège théâtral et permet la création de nombre de théâtres mineurs à Paris et, partant, la représentation publique d'œuvres jadis refusées

[1] AN, O/1/620, no. 138, rapport sous forme de lettre signée de Legros, La Suze, Lasalle, Gossec, Moreau. Indice supplémentaire de la gestation de l'œuvre, le rapport déclare qu'il est 'complètement fait depuis trois ans' (il n'est pas entièrement clair auquel des deux ouvrages cette phrase fait référence).

[2] 'Monsieur, Les Actes de Philémon et Baucis, et de Pagamin de Monegue, ont été répété[s] en 1782 après ma retraite de l'opera: Le Comité a trouvé ces ces [*sic*] ouvrages hors d'Etat d'Etre donnés: il a Exigés [*sic*] des changements si considérables, que Mr Monsigny, auteur de la Musique, soit qu'il n'ait pas été content de lui même, n'a pas voulu se charger de les faire, sous pretexte d'un mal d'yeux: en conséquence il a remis ses Partitions à Mr Sedaine, qui ne voulant pas perdre le fruit de son travail, a chargé Mr désaugiers, Compositeur très médiocre, de les faire: il y a tout à croire que ces actes n'auront pas acquis plus de valeur par ce changement: au demeurant, Monsieur, si après la mise d'iphigenie en Tauride, le service de l'opéra permettait que l'on en pusse faire une Seconde répétition, on donnera cette satisfaction à Mr Sedaine', AN: O/1/619, no. 81, lettre de Dauvergne à [inconnu], 4 juin 1785.

[3] Dans le 'Sommaire général 1785–1790' de l'Académie royale de musique (manuscrit en 2 volumes laissé par Francœur, conservé à la Bibliothèque-Musée de l'Opéra sous la cote Rés-1025(1)) on lit, à la p. 135: 'Opera qui furent entendu. Beaucis et Philémon et Pagamin ... le tout faisant 3 acte, par Mr Sedaine, Monsigny et achevé par M. Deshaugiers furent repeté au magasin le 21 juillet 1785. Refusé'.

par les théâtres royaux. Grâce à une partition remaniée par Porta, l'œuvre put enfin voir le jour. Mais cette nouvelle partition n'a pas été conservée; les deux sources existantes témoignent d'un état antérieur.[1] L'autre de ces deux œuvres, *Philémon et Baucis*, avait reçu une représentation privée au théâtre du Château de Bagnolet, propriété des Orléans, en 1766. Cependant, aucune représentation publique n'a suivi la lettre de Dauvergne de 1785: un manuscrit a survécu, qui date vraisemblablement de la Restauration et donne le texte complet du livret. Comme les sources complètes de ces deux œuvres ne datent pas de l'époque révolutionnaire, leur édition n'a pas de place dans ce recueil. Mais dans la mesure où c'est surtout la musique de *Pagamin de Monègue* qui a été remaniée, nous pensons qu'il est légitime de tirer quelques remarques critiques du texte, qui avait vraisemblablement été conservé pour les représentations de 1792.

Notons tout d'abord que le livret de *Pagamin de Monègue*, comme celui de *Philémon et Baucis* (et d'ailleurs aussi celui de *Bazile, ou à trompeur, trompeur et demi*, dont il sera question ci-dessous) sont basés sur des sources littéraires narratives. *Pagamin de Monègue* est une adaptation plutôt libre de Boccace (*Décaméron*, II.10): dans le conte original, Ricciardo di Chinzica, juge intelligent prend pour femme la jeune et belle Bartolomea, fille de Lotto Gualandi, mais s'avère incapable de la satisfaire physiquement, et invoque toutes sortes d'excuses pour éviter son devoir conjugal. Lors d'un voyage en mer, elle est enlevée par un pirate notoire, Paganino da Mare; lorsque Ricciardo essaie de persuader celui-ci de la lui rendre, Paganino impose la condition suivante: il la lui concèdera à condition qu'elle reconnaisse son mari et accepte de partir. Mais Bartolomea préfère rester avec Paganino et feint d'abord de ne pas reconnaître son mari; ce n'est que lorsqu'ils se trouvent seuls qu'elle avoue le reconnaître mais refuse d'être à lui, étant donné qu'il l'a négligée lors de leur mariage. Il s'agit à l'origine d'un conte comique dont la moralité concerne l'hubris des maris qui délaissent leurs femmes et l'impossibilité de former les autres à sa propre image, car cela revient à défier la nature. Sous la forme que lui

---

[1] La partition complète est conservée à BnF-Mus: MS.14989. Il s'agit d'une partition in-fol. de 114 ff. (et non 124 ff. comme l'affirme le catalogue de la BnF) recto-verso, aux dimensions 300 x 230 mm, intitulée 'Pagamin | de Monègue, | Opéra-bouffon, | en un acte'. Le manuscrit est daté de 1770 dans le catalogue de la BnF, mais le manuscrit lui-même ne porte aucune indication de ce genre. La datation de la BnF se base vraisemblablement sur Fétis: 'Quoiqu'il n'eût connu que des succès, Monsigny n'écrivit plus de musique après *Félix* [il s'agit de *Félix, ou l'enfant trouvé*, sur un livret de Sedaine, représenté en 1777]. Il avait en manuscrit deux opéras en un acte intitulés *Pagamin de Monègue* et *Philémon et Baucis*; mais ces ouvrages étaient déjà composés vers 1770' (F-J. Fétis, *Biographie universelle des musiciens, et bibliographie générale de la musique*, 5 vols (Paris: Bibliothèque des Introuvables, 2001), III, 663). Cependant les faits connus suggèrent une datation plus tardive (vraisemblablement début des années 1780). Une partition inachevée manuscrite (qui termine à la scène 8) existe à la Bibliothèque-Musée de l'Opéra: CS-1017, sous le titre 'Pagamin de Monegue, opéra lyri-comique, en un acte'. Elle est de 189 pp., aux dimensions 300 x 231 mm. Le Catalogue général de la BnF date cette partition 'vers 1780'.

donne Sedaine, il s'agit d'un opéra bouffon qui adopte l'essentiel de la trame de Boccace tout en y ajoutant une scène finale au cours de laquelle tous (y compris le mari délaissé) reconnaissent la légitimité de l'union de la femme et du pirate, dont la tonalité est celle de la réconciliation typique de l'opéra-comique, mais tout à fait étrangère au comique cruel et grinçant de Boccace. (Quinzica: 'Je vous unis; voici sa main, et cette fête que d'Usbek pour moi tenait prête, sera celle de votre hymen'.) On y remarque cependant des modifications à l'intrigue, des noms altérés et une tonalité exotique nouvelle. Au début de l'œuvre, un personnage appelé Osmin prépare une fête à l'aide de son serviteur Usbek pour le mariage de Rosette et de Quinzica qui n'a pas encore eu lieu: tous les noms sont donc modifiés, sauf celui de Pagamin. Cette scène d'exposition permet en outre de mieux respecter les bienséances, car le vieillard n'est pas encore l'époux — Rosette peut donc légitimement épouser Pagamin à la fin de l'œuvre — et les références plutôt crues aux relations sexuelles sont considérablement adoucies: Rosette nous apprend que Pagamin 'fi[t] naître en mon âme | des feux jusqu'alors inconnus' (sc. 6), faisant ainsi fusionner ce matériau potentiellement inconvenant dans un air d'éveil amoureux au lexique convenu et galant: il est davantage question de désirs, de soupirs, de feux, et de flammes, et les défauts du vieillard sont également exprimés par euphémisme: 'quoique l'ardeur ne fut pas naturelle', lit-on à la scène 15, et 'mille délais retardaient vos serments' à la scène 19. Même le langage du corsaire Pagamin est celui d'un tendre amant d'opéra qui éprouve de la jalousie à l'idée que la belle puisse être mariée au vieillard. À la représentation, les personnages d'Osmin et d'Usbek (pure création de Sedaine) peuvent créer un effet de 'cadrage' narratif, grâce aux observations faites par Osmin lors de l'exposition, qui prépare la fête du mariage mais semble déjà savoir ce qui va se passer:

USBEK.

Je vais te dire mon secret;
Ta fortune, ou la mort, si tu n'es pas discret.
En ce jour tu vois Rosette prête d'épouser Quinzica: rien de cela, je le projette, rien de cela ne se fera, et cependant la fête servira.

OSMIN.

Je n'entends rien à cela.

USBEK.

Je vais t'expliquer cela. Écoute-moi. Loin de la villa, j'ai fait venir Quinzica dans cette île pour y célebrer son hymen; mais Pagamin, que jadis Quinzica bannit de sa patrie, Pagamin, avec des trésors recueillis au fond de l'Asie, Pagamin vient, et sur ces bords il vient pour observer son amante chérie: En ce jour il arrivera, et notre fête servira.

OSMIN.

Ah! j'entends fort bien cela. (sc. 2)

Sedaine a également remanié les rapports entre Rosette et Quinzica: à la fin de l'œuvre elle lui reproche de l'avoir 'achetée', avec des présents faits à ses père et frère, et Quinzica propose de racheter Rosette à Pagamin, éléments qui ne se trouvent pas chez Boccace.

Sur le plan de la forme, on remarque la longue passacaille de la scène 18, pour permettre un ballet à un moment de célébration, tout comme l'usage du chœur à plusieurs reprises. Notons que le récitatif remplace entièrement le dialogue, indice supplémentaire que la partition fait état de l'œuvre telle qu'elle fut préparée pour l'Opéra et non pour sa représentation tardive sur un théâtre mineur dont les capacités musicales ont dû être plus modestes. Il serait intéressant, mais s'avère actuellement impossible, de savoir sous quelle forme le Théâtre Louvois a finalement représenté l'œuvre: un dialogue parlé remplaçait-il ces récitatifs, par exemple? Quoi qu'il en soit, c'est le ton de l'opéra qui prime dans ce livret, avec des topoi de la pastorale baroque. Le style est cependant celui de l'opéra-comique, avec par exemple ses rimes en série, parfois sur tout un air.

Dans l'ensemble, l'intrigue de cette adaptation se conforme à certains des tropes de l'opéra-comique, et c'est une partie de son intérêt. Le nombre restreint des personnages (les deux amants, le vieillard, Usbek et son serviteur, la suivante Camille), et la structure en un acte en font une œuvre moins ambitieuse que *Raoul, Barbe-bleue* ou *Guillaume Tell.*

(ii) Adapter Cervantès pour la scène: *Bazile, ou à trompeur, trompeur et demi*

Six mois plus tard, *Bazile, ou à trompeur, trompeur et demi*, comédie en un acte 'mêlée de musique', a été représentée à l'Opéra-Comique, à partir du 17 octobre 1792.[1]

Le livret n'a pas survécu; seuls quelques mouvements de musique sont conservés sous forme de manuscrit; mais quelques jugements contemporains nous donnent une idée de cette adaptation.[2] L'*Esprit des journaux* reproduit une recension parue dans le *Journal encyclopédique* et les *Affiches, annonces et avis divers*;[3] son sujet est tiré du *Calendrier des vieillards* de La Fontaine, et basé sur

---

1 Tissier, *Les Spectacles à Paris pendant la Révolution*, II, 88. Voir aussi *Théâtre de l'Opéra-Comique, Paris: répertoire 1762–1972*, ed. Nicole Wild et David Charlton (Liège: Mardaga, 2005), pp. 159–60 (n. 201).

2 Sur cette œuvre, voir Bartlet, 'Grétry and the Revolution', pp. 56–58, 96. Les fragments sont conservés à la Bibliothèque Albert Ier (Bruxelles) et au Musée Grétry (Liège). Nous trouvons une annonce de l'œuvre dans le *Moniteur universel* du 24 octobre 1792, un compte-rendu dans *L'Esprit des journaux* de février 1793 (tiré du *Journal encyclopédique* et des *Affiches, annonces et avis divers*), et une brève discussion dans Christian de Paepe, 'Don Quixote on Belgian Staves', in *International Don Quixote*, ed. Theo D'haen et Reindert Dhondt (Amsterdam: Rodopi, 2009), pp. 137–55 (p. 142), qui fait le point des sources conservées.

3 *L'Esprit des journaux*, février 1793, pp. 296–99.

l'épisode de *Don Quichotte* qui concerne les noces de Camache. Il semble que surtout la fin de l'œuvre ait été jugée défectueuse, voire 'ridicule', dans les mots de l'*Esprit des journaux*, qui donne le sommaire suivant:

> *Thomas*, laboureur, a promis sa fille *Pauline* à *Bazile*; mais tout-à-coup un M. *de la Ginginardière* vient à la traverse demander à *Thomas* la main de sa fille: *Thomas*, ébloui par l'éclat de la noblesse & des prétendues richesses de l'intrigant, écrit à *Bazile* pour lui retirer sa parole, précisément la veille du jour fixé pour son mariage: *Jean*, commissionnaire de *Bazile*, aime *Marguerite*, servante de *Thomas*: *Jean* s'est oublié avec sa maîtresse, & il n'a pas remis la lettre à Bazile. Celui-ci arrive chez Thomas, dans l'espoir d'épouser Pauline. Il a même acheté un anneau de mariage qu'il essaie au doigt de Pauline, & que tous deux remettent au curé du village qui doit les unir. Cependant Thomas a mandé chez lui le curé, le tabellion & M. Vérédac, barbier du village & ami de Bazile. M. de la Ginginardière arrive; tout s'éclaircit; Bazile est sûr que Thomas l'a trompé; il se désespère; mais, par les conseils de Vérédac, au moment où l'on va signer le contrat de Pauline avec la Ginginardière, Bazile paraît sur le mur de la maison de Thomas: il lui reproche sa trahison; puis, feignant de se percer avec une épée, il tombe dans la cour. Tout le monde s'effraie; on apporte le moribond qui jette des cris affreux: Bazile avant de mourir veut laisser tous ses biens à Pauline; il ne le peut faire qu'en s'unissant à elle: personne ne voit d'inconvénient à lui donner la main de Pauline; mais dès que le contrat est signé, Vérédac feint d'arracher le fer de la blessure de Bazile, & celui-ci se relève en parfaite santé.

Les noms sont changés par rapport à Cervantès (dans l'original, Basilio épouse Quiteria malgré Camacho), mais l'intrigue en est comparable, à ce détail près: dans le roman, Quiteria confirme son mariage avec Basilio après que la ruse est révélée, ce qu'elle n'est pas obligée de faire; il n'est pas sûr que cela soit le cas dans l'ouvrage de Sedaine car on ne trouve pas cet élément dans le résumé cité ci-dessus. Le cadre est villageois et rappelle l'opéra-comique du début de la carrière de Sedaine; ce sont la ruse et le dénouement qui en constituent les éléments inhabituels. Le sous-titre, typique des opéras-comiques forains, n'apparaît pas dans Cervantès: Jean-Joseph Vadé a créé un *Trompeur trompé* en 1754. Les critiques contemporains ont loué la musique et 'de très-jolis détails' de la pièce; c'est le dénouement qui 'a paru ridicule'; Bartlet a sans doute raison de dire que le sujet a dû paraître inapproprié pour le public de 1792 qui cherchait une moralité plus claire, une œuvre moins bouffonne. Le jugement du *Moniteur universel* semble à cet égard assez révélateur: 'Ce qui rend cette bouffonnerie difficile à mettre au théâtre, c'est qu'on suppose qu'un jeune homme assez gai pour se prêter à cette pasquinade, n'est pas fort amoureux, fort touché, et dès-lors il intéresse peu'.

(iii) Le Médiévisme à l'Opéra-Comique: *La Blanche haquenée, Robin et Marion*

La Blanche haquenée a eu sa première au Théâtre de l'Opéra-Comique le 22 mai 1793 en pleine Terreur, mais ne semble pas avoir survécu: aucun fragment de musique ni de livret n'a été retrouvé.[1] Nous disposons cependant encore une fois d'une description détaillée de l'œuvre, parue pour la première fois dans le *Journal des spectacles* et reproduite dans *L'Esprit des journaux* d'octobre 1793 (pp. 314–20). Le titre lui-même est un clin d'œil au médiévisme des autres œuvres de Sedaine et suggère un(e) protagoniste de qualité: une haquenée est un cheval 'noble', dont le nom est probablement dérivé de l'anglais *hackney*, connue surtout au Moyen Âge (à partir du milieu du XIVe siècle).[2] Mais l'ouvrage est décrit comme un 'opéra lyri-comique, en trois actes' par *L'Esprit des journaux*: c'était donc une œuvre majeure (*Philémon et Baucis* et *Bazile, ou à trompeur, trompeur et demi* étaient en un acte). Mais ce fut aussi un échec cuisant, au point que la représentation n'a pas pu être terminée, comme l'explique le *Journal des spectacles*:

> Le bruit était épouvantable, & avec les coups de sifflets, il alla croissant jusque vers la fin du second acte. Alors les comédiens étourdis, excédés, vinrent proposer de donner *Philippe & Georgette* [Boutet de Monvel, Dalayrac, 1791], ce que le public accepta avec reconnaissance.[3]

Trois 'discourtois chevaliers' disputent Iselle contre Lisois dans un tournoi: chacun est vaincu et fait le même compliment à sa beauté. Le père d'Iselle veut la marier à Lisois, mais à la seule condition qu'il s'enrichisse de terres de son oncle, Enguerrand. Mais au second acte Enguerrand refuse, étant lui-même tombé amoureux d'Iselle: le second acte arrête là. Le journaliste curieux de savoir ce qu'aurait contenu le troisième acte a interrogé un ami qui avait assisté aux répétitions et en donne la description suivante, passablement incongrue:

> Lisois, au désespoir du malheur qui lui arrive, prend la résolution de se croiser & de partir aussi-tôt pour la Palestine. Vainement il remet à ses vassaux tout ce qu'ils lui doivent & tout ce qu'ils lui devront jusqu'à son retour; ils veulent absolument l'empêcher de partir. Mais au moment où il va monter à cheval, une femme voilée & couverte d'une cape, ayant été emportée par son cheval, entre dans la cour du château. Grand Dieu! dit

---

1 *Michel-Jean Sedaine (1719–1797)*, ed. Charlton et Ledbury, p. 217. Cf. *Théâtre de l'Opéra-Comique*, Wild et Charlton, p. 165 (n. 232) qui précise: 'Représentation inachevée et non reprise'.

2 Philippe Contamine, 'Le Cheval "noble" aux XIV–XVe siècles: une approche européenne', *Comptes-rendus de l'Académie des Inscriptions et Belles-Lettres*, 152 (2008), 1695–1726. On y trouve la définition suivante: 'un cheval ou plus fréquemment une jument d'allure douce, allant ordinairement à l'amble, que montaient fréquemment les dames du Moyen Âge'. Notons au passage que, en dépit d'une légende tenace, les haquenées 'étaient très loin d'être toutes blanches' (p. 1721).

3 Cité dans *L'Esprit des journaux*, octobre 1793, pp. 314–20.

> Vidal, c'est elle-même, c'est la noble dame de Monseigneur, c'est Iselle, & c'est la Haquenée blanche du sire Lisois qui l'a amenée au-lieu de la porter chez le sire Enguerrand qu'on allait la contraindre d'épouser.
>
> Jamais Lisois n'éprouva un plus doux embarras; quelle obligation il a à son oncle de lui avoir emprunté sa Blanche Haquenée! mais cet oncle, le sire de Rochefort & toute la noce, qui ont suivi les traces d'Iselle, arrivent fort en colère; les vassaux de Lisois veulent le défendre. Par bonheur le sire Enguerrand revient tout-à-coup à la raison, & il engage le père d'Iselle à donner sa fille à Lisois. Le sire de Rochefort y consent, après s'être assuré toutefois qu'elle n'a point eu de part à la marche de la Haquenée; & les chevaliers & les paysans, reconnaissant que le ciel lui seul a conduit à cette aventure, expriment en chantant & en se réjouissant le plaisir que leur fait éprouver la réunion de Lisois & d'Iselle.

Il semblerait, d'après le sommaire donné dans ce journal, que l'intrigue ait souffert d'incohérences et de 'motifs sans développement', mais aussi que l'œuvre ait déplu en raison de ses défauts stylistiques non seulement au niveau du livret mais aussi de la partition. Cette œuvre, qui n'a pas contribué à la gloire de Sedaine, est néanmoins intéressante, parce qu'elle comporte des éléments en commun avec ses autres œuvres. Le médiévisme en est un élément évident à rattacher à *Raoul, Barbe-bleue*, dont témoigne aussi l'expression de 'chevalier discourtois', qui fait l'objet de variantes dans la première scène de cette œuvre. On notera également un goût pour le combat, le rôle des vassaux dans les confrontations, la tentative peut-être quelque peu maladroite de greffer le médiévisme sur une intrigue d'amour contrecarré puis triomphant (que nous verrons également dans le cas de *Robin et Marion*). Nous ferons aussi volontiers nôtres les remarques de Bartlet sur *Bazile, ou à trompeur, trompeur et demi*: l'œuvre était, encore une fois, tout à fait déplacée en 1793, année où les grands succès au Théâtre de l'Opéra-Comique ont été *Guillaume Tell* (vingt-deux représentations au cours de l'année) et *La Fête civique du village* (vingt-huit), *Ambroise* (Monvel-Dalayrac, vingt-cinq) et *Cécile et Julien, ou le siège de Lille* (Joigny-Trial fils, quarante-deux), *La Mélomanie* (Grenier-Champein, vingt-trois), et *Camille ou le souterrain* (Marsollier-Dalayrac, vingt et une): à l'exception de *La Mélomanie*, il s'agissait d'œuvres patriotes, ou bien correspondant au goût pour le 'gothique'.

Ce sujet sans lien apparent avec le patriotisme plutôt prononcé du *Guillaume Tell* remanié nous suggère que Sedaine évite non seulement les sujets trop explicitement politiques sous la Terreur, mais aussi qu'il est attiré par d'autres thématiques: le médiévisme, les intrigues relativement traditionnelles dans la comédie, qui comprennent la rivalité amoureuse, un ensemble de personnages plutôt intime: c'est également le cas de *Robin et Marion* écrit après Thermidor, dont le livret autographe, signé 18 germinal An III [7 avril 1795], est inédit. Dans cette œuvre jamais représentée mais accompagnée d'une partition également manuscrite qui serait de Monsigny, il s'agit d'une intrigue villageoise en apparence relativement traditionnelle, au cours de laquelle la jeune fille peut épouser son amoureux, une fois que les objections du père ont été neutralisées.[1] Les noms des personnages ne sont pas sans rappeler ceux de l'opéra-comique du milieu du siècle: le jeune homme en question, Robin, laboure à la ferme des parents de la jeune fille (Bastien et Bastienne); on découvre qu'il est le fils de Lubin et qu'il avait abandonné le foyer familial cinq semaines auparavant, suite à une dispute avec celui-ci. Le livret comporte des topoi de l'opéra-comique, comme l'ariette au cours de laquelle la jeune fille languit sans amour (no. 1), la chanson qui exprime le labourage content (no. 3), ou l'air exprimant la peine de l'amante qui perd son amant (no. 2). Les duos aussi expriment des situations relativement convenues: les caractères opposés de Lubin (père généreux) et Bastien (quant à lui plutôt autoritaire) à la scène 9; la séparation des amants lorsque Robin se prépare à partir demander la permission de son père pour se marier. On y trouve également une quintette qui rassemble tous les personnages pour la finale.

Les deux personnages principaux ont des noms tirés d'une œuvre médiévale: le *Jeu de Robin et Marion* original est une pastourelle caractérisée par des dialogues ponctués de chansons et de danses. Son argument n'est pas très proche de celui de notre œuvre, sauf pour les éléments les plus banals: dans l'œuvre d'Adam de la Halle, le rival de Robin est repoussé par celui-ci mais enlève Marion, et n'est découragé que par les refus de la jeune fille de se rendre. Chez Sedaine, aucune rivalité n'existe et l'obstacle à l'union des amants consiste seulement en un refus (mal expliqué) du père (qui par ailleurs se laisse persuader très facilement, une fois qu'il a lié amitié avec Lubin). En somme, l'œuvre de Sedaine a repris la partie bergerie de l'original, mais a rejeté l'essentiel de la pastourelle (genre qui comportait une bergère en butte aux assiduités d'un chevalier qui veut la séduire).

Le livret n'est pas tout à fait achevé ; en témoigne la note de la page 29:

> N[o]ta
>
> Je desire [...] que la Ritournelle de la fin aille, Minuendo, comme qui dirait en Diminuant, comme de Gens aprises [épuisés] de sentiments, j'ai beaucoup de jeu pour remplir cette ritournelle
>
> Ensuite un petit intervalle, et passer après à un mouvement autre pour servir à l'air des derniers Couplets qui ne sont pas faits, et que je ferai avant qu'on les attende pour terminer.

[1] Ce qui en soi met en question la datation du livret manuscrit est que la dernière œuvre connue de Monsigny est *Félix*, livret de Sedaine qu'il a mis en musique en 1777. Il est peu vraisemblable que ce compositeur ait pu faire une partition, dix-huit ans plus tard, sans autre composition attestée entre-temps. Il ne nous a pas été possible de dater l'œuvre de façon plus précise, mais il nous paraît probable que l'œuvre date d'avant la Révolution, peut-être de l'époque à laquelle Monsigny collaborait encore activement avec Sedaine, et que le livret témoigne d'une copie ou révision tardive, peut-être en vue d'une représentation parisienne.

Par ailleurs, à travers toute l'œuvre, et surtout à partir de la scène 10, l'agencement de l'intrigue est un peu maladroit, dans la mesure où les motivations ne sont pas toujours claires: l'objection du père à l'endroit de Robin semble floue; on y trouve un air (le no. 3: 'Je n'aime point les garçons qui font l'amour à ma fille') qui suggère un personnage plutôt inflexible; mais ses objections sont levées très facilement lors de sa conversation avec Lubin. En outre il s'amuse à annoncer le mariage de sa fille avec le fils de Lubin pour la tourmenter (elle ne sait pas que Lubin est le père de Robin), ce qui donne lieu au quatuor de la scène 19, qui rappelle plutôt l'humour bon enfant du père indulgent de la comédie de Marivaux et de l'opéra-comique. Ces détails mis à part, le manuscrit ressemble à une copie au net, et le fait que la partition ait également été achevée suggère que les auteurs avaient la ferme intention de la faire jouer, l'habitude à l'époque étant de faire accepter un livret par un théâtre avant d'achever la partition. Nous ne savons pas si l'œuvre a été ou non proposée à l'Opéra-Comique, ni pourquoi l'œuvre n'a jamais été représentée. Sedaine avait soixante-seize ans en 1795, et Monsigny soixante-six: peut-être Sedaine a-t-il été empêché par des soucis de santé, parce qu'à l'exception de fragments de *L'Amoureux goutteux*,[1] il n'y a pas d'autres œuvres postérieures à décembre 1794.[2]

---

1 Fragments mis en musique par Stanislas Champein, datés d'après la mort de Sedaine, en 1807: nous ne savons pas de quand date le travail de Sedaine, mais il s'agit vraisemblablement d'une œuvre faite avant 1789 et laissée en portefeuille.

2 Michel-Jean Sedaine, *Albert ou le service récompensé*, drame en trois actes, avec musique de Grétry, aurait eu neuf représentations (probablement) au Théâtre Italien à partir du 7 décembre 1794. Il s'agit probablement du remaniement du texte du *Comte d'Albert* (1787); les sources ne sont pas localisées. Voir *Théâtre de l'Opéra-Comique*, ed. Wild et Charlton, p. 128 (n. 22), et Tissier, *Les Spectacles à Paris pendant la Révolution*, II, 95.

RAOUL, BARBE-BLEUE

Établissement du texte

Seules ont été retenues les sources datant du vivant de Sedaine: ont été écartés les livrets et partitions postérieurs à sa mort.[1] La partition autographe n'a pas été conservée, mais un livret manuscrit est conservé aux Archives nationales dans la série des manuscrits de livrets du Théâtre de l'Opéra-Comique.[2] Ce manuscrit n'est pas de la main de Sedaine, mais est vraisemblablement une copie faite pour la première de 1789. Comme l'explique M. Elizabeth C. Bartlet, ces manuscrits étaient généralement utilisés par le souffleur pour le dialogue. Elle note également que ces manuscrits donnent très souvent le texte de la première représentation, dans la mesure où la pratique habituelle de l'époque était d'imprimer le livret après la première série de représentations, parfois après l'avoir corrigé à la lumière de sa réception à la scène.[3] Nous verrons en effet que le texte du manuscrit est parfois divergent de celui des sources imprimées, et dans la mesure où la première représentation précède l'édition de deux années, semble donner la version primitive du texte. Concernant la version publiée, nous disposons au total de six émissions différentes du livret datant de 1791, et une de l'An III. Nous avons aussi une partition gravée, et quelques extraits musicaux sans date. Nous sommes d'accord avec Jean-Yves Vialleton pour préférer l'édition de Jacques Garrigan (G), à Avignon, d'une typographie soignée et imprimée sur du papier de haute qualité, et nous suivons cette édition scrupuleusement.[4] En général les livrets imprimés chez

---

1 Sedaine étant décédé en mai 1797, il s'agit des deux livrets imprimés pour Alphonse Bérenguier à Avignon, comme suit: 1) RAOUL, | BARBE BLEUE, | *COMÉDIE* | EN TROIS ACTES ET EN PROSE, | *REPRÉSENTÉE, pour la premiere fois, par les* | *Comédiens Italiens, le lundi 2 Mars 1789.* | [filet] | Paroles de SÉDAINE. | Musique de GRETRY. | [filet] | [ornement: fleur] | *A AVIGNON,* | Chez ALPHONSE BERENGUIER, Imprimeur-Libraire, | place du Change | [filet gras-maigre] | An VI. [BnF: Z-Rothschild-5189; ADS: 8-RF-13771]; 2) RAOUL, | BARBE BLEUE, | *COMÉDIE* | EN TROIS ACTES ET EN PROSE, | *REPRÉSENTÉE, pour la première fois, par les* | *Comédiens Italiens, le lundi* 2 *Mars* 1789. | [entre accolades] *Paroles de SÉDAINE, Musique de GRETRY.* | [ornement: trompettes] | *A AVIGNON,* | Chez ALPHONSE BERENGUIER, Imprimeur-Libraire, | près du Collège-Royal. | [filet enflé] | 1812. [ADS: 8-RF-13772; Ars: GD-23829].

2 'Like other composers of the period, Grétry did not generally retain manuscripts of published works', Bartlet, 'Grétry and the Revolution', pp.47–110 (pp. 48–49).

3 M. Elizabeth C. Bartlet, 'Archival Sources for the Opéra-Comique and its *registres* at the Bibliothèque de l'Opéra', *19th-Century Music*, 7, 2 (Fall 1983), 119–29 (p. 121).

4 Il nous semble très important, dans le cadre d'une édition critique, de respecter le texte de base, et nous évitons la pratique de l'édition *Perrault en scène*, qui a été de rajouter à son texte des leçons prises dans les autres livrets, parfois en le signalant, parfois pas,

Loiseau (L) et Bonnet (B) ressemblent textuellement à celui de Garrigan. Les deux impressions chez Dufour sont de mauvaise qualité, et celle chez Vente est une réimpression de la première de celles-ci (D1): toutes comportent des coquilles et des choix orthographiques en commun, par exemple l'orthographe Ofman (qu'elles ont en commun avec le ms.). Quant au livret de l'An III, il est textuellement identique à notre édition de référence, à deux variantes près, raison de plus pour donner priorité à cette dernière, puisqu'elle semble avoir fait autorité à l'époque.

Nous modernisons l'orthographe toute en respectant la ponctuation et la capitalisation de la source de base. Ces dernières avaient souvent une importance expressive à l'époque, et il nous semble important de les respecter. Nous corrigeons systématiquement les coquilles évidentes, ainsi que les fautes de genre, de nombre, et de terminaison verbale qui sont assez nombreuses (surtout dans la PG) sans le signaler. Nous écartons les simples variantes d'orthographe et de ponctuation (sauf dans des cas de mots à la rime et de noms de personnages) mais donnons systématiquement les variantes de mots, assez nombreuses dans les autres livrets de 1791 et dans la partition gravée. Les livrets simplifient la distribution de certaines voix dans les ensembles et sont parfois inconsistants sur le fait de noter ou non les reprises de mots et des vers et les sections *da capo*; comme il s'agit d'une édition du livret nous reproduisons soigneusement la présentation des airs et ensembles telle qu'elle apparaît sur l'édition de Garrigan. Nous ne reportons pas le détail de la distribution des voix dans la partition, et reportons comme variantes dans les livrets seuls les passages où de nouvelles paroles sont employées. De même, les équivalents homophones n'ont pas été reportés, sauf dans les cas où une différence sémantique arrive (ainsi nous ne distinguons pas entre *eh!* et *hé!*, mais notons *et*).

Bibliographie

Manuscrit (ms)

'Raoul barbe bleue'
Copie manuscrite de 98 pp. recto-verso, relié. La reliure porte, sur le premier plat, la pièce de titre: 'THEATRE NATIONAL | DE | L'OPERA COMIQUE'; et sur le dos: 'RAOUL BARBE BLEU' [*sic*].
Archives nationales: AJ/13/1101(1.): Théâtre de l'Opéra-comique; Livrets ms. d'ouvrages, 1760–1831.

et d'y ajouter des mentions prises dans la partition, en sorte que son texte est une sorte d'amalgame des sources primaires et n'est la représentation fiable d'aucune d'elles. (On y remarque en particulier — sans doute par inadvertance — l'absurdité éditoriale de variantes prises de G données en note, alors que ce même G est son texte de base.)

Livrets

1) Édition de référence: G

RAOUL, | BARBE BLEUE, | *COMÉDIE* | EN TROIS ACTES ET EN PROSE, | *REPRÉSENTÉE, pour la premiere fois, par les* | *Comédiens Italiens ordinaires du Roi, le lundi* 2 | *mars* 1789. | [filet] | Paroles de M. SEDAINE. | Musique de M. GRÉTRY. | [filet] | [ornement: trophée de musique] | *A AVIGNON,* | Chez JACQUES GARRIGAN, Imprimeur-Libraire, | Place St-Didier. | [filet enflé] | 1791.
In-8° (4 feuilles par cahier). 32 pp.
A–D^{4} = [1]–32 pp., $2 signés, réclames par cahier.
ADS: 8-RF-13769, 8-RF-13770;[1] BNM: ThB.785

2) D1

RAOUL, | BARBE BLEUE, | COMÉDIE | En Prose et en 3 Actes, | mêlée d'Ariettes; Par Mr. SEDAINE. | Musique de Mr. GRÉTRY. | *Représentée pour la premiere fois par les Comédiens* | *Italiens ordinaires du Roi, le Lundi 2 Mas [sic] 1789.* | [Fleuron: vaisseau abordant une île] | *A AMSTERDAM;* | Chez GABRIEL DUFOUR, Libraire. | [filet] | M. DCC. XCI.
In-8° (4 feuilles par cahier), 40 pp. (la p. 13 paginée 15)
(A–E^{4}) = pp. [1]–40, $2 signés [-Ai], réclames par cahier.
Oxford: Taylorian VET.FR.II.B.176; BnF: Z-Rothschild-5188; ADS: 8-RF-13766; Ars: GD-21846, Th.N.4984, Th.N.4985

3) D2 (Nouvelle impression de D1, avec corrections)

RAOUL | BARBE BLEUE | *COMÉDIE* | En Prose & en 3 Actes, mêlée d'Ariettes; | Par Mr. SEDAINE. | Musique de Mr. GRETRY. | *Représentée pour la premiere fois par les Comédiens Ita-* | *liens ordinaires du Roi, le lundi 2 Mars 1789.* | [ornement] | *A AMSTERDAM,* | Chez GABRIEL DUFOUR, Libraire | [double filet] | M. DCC. XCI.
In-8°, 48 pp.
A–C^{8} = [1]–48 pp. $5 signés [-A1; -A4; -B4], réclames par cahier.
BnF: Yf-11631, 8-Yth-15144; ADS: 8-RF-13765

---

[1] Cet exemplaire porte la mention suivante: 'corrigée d'après le nouveau manuscrit de l'auteur et telle qu'elle se donne l'an 3eme de la republique'. Les représentations d'après le 20 octobre 1794 ont été annoncées sous le titre *Barbe-bleue, ou le tyran puni*; les corrections données dans cet exemplaire sont plausibles, mais n'ont pas une grande autorité: pour cette raison, nous n'avons pas reporté les variantes et renvoyons le lecteur curieux de la question à cet exemplaire. Arnoldson parle d'un 'manuscrit' datant de l'An III et comportant des corrections (mais ne donne pas de cote): nous pensons que c'est à cet exemplaire qu'elle fait référence.

4) V (Réimpression de D1 avec nouvelle page de titre)

RAOUL, | BARBE BLEUE, | COMÉDIE | En Prose et en 3 Actes, mêlée d'Ariettes; | Par Mr. SEDAINE. | Musique de Mr. GRÉTRY. | *Représentée pour la premiere fois par les Comédiens | Italiens ordinaires du Roi, le Lundi 2 Mas* [*sic*] *1789.* | [fleuron: vaisseau abordant une île] | PARIS, | CHEZ VENTE, | LIBRAIRE DES SPECTACLES DE SA MAJESTÉ | BOULEVARD DES ITALIENS, N^{O}. 7, PRES LA RUE FAVART.
In-8° (4 feuilles par cahier), 40 pp.
A–E^{4} = [1]–40 pp. $2 signés, réclames par cahier.
[Staatsbibliothek München, exemplaire numérisé par Google]
Nous ne notons pas de variantes de cette édition, étant donné que le texte en est identique à celui de D1.

5) L

RAOUL | BARBE BLEUE, | COMÉDIE | EN TROIS ACTES ET EN PROSE, | *Représentée pour la première fois, par les Comédiens | Italiens ordinaires du Roi, le lundi 2 mars* 1789. | [filet] | Paroles de M. SEDAINE. | Musique de M. GRÉTRY. | [filet] | [ornement: fruits et feuillages] | A BRUXELLES, | Chez LOISEAU, Imprimeur-Libraire. | [filet gras-maigre] | 1791.
In-8° (4 feuilles par cahier), 40 pp.
A–E^{4} = [1]–40 pp. $2 signés [-A2], réclames par cahier.
ADS: 8-RF-13767,[1] 8-RF-13768;[2] Ars: GD-21847[3]

6) B

RAOUL, | BARBE BLEUE, | *COMÉDIE* | EN TROIS ACTES ET EN PROSE, | *REPRE'SENTE'E [sic], pour la premiere fois, par les | Comédiens Italiens ordinaires du Roi, le Lundi 2 | Mars 1789.* | [filet] | Paroles de M. SEDAINE. | Musique de M. GRÉTRY. | [filet] | [ornement : trophée de musique] | *A AVIGNON,* | Chez les Freres BONNET, Imprimeurs-Libraires | vis-à-vis le Puits de Bœufs. | [filet enflé] | 1791.
In-8° (4 feuilles par cahier), 32 pp.

---

[1] Cet exemplaire porte des annotations au crayon et à l'encre. Il porte, à la même main, l'annotation 'A Voizel-ainé, peintre'; comme il s'agit vraisemblablement des annotations d'un propriétaire privé de cet exemplaire, nous ne les avons pas reportées.

[2] Cet exemplaire porte également des annotations à l'encre, essentiellement des ratures et des répétitions de certaines répliques à la marge, ainsi que quelques corrections erronées. Il est peu vraisemblable que ces annotations aient un rapport avec des représentations de l'œuvre; nous ne les avons pas reportées.

[3] Contrairement à ce qu'affirme le catalogue de la BnF, l'exemplaire coté GD-21847 de l'Arsenal n'est pas de format in-12°, mais in-8° et est ainsi à considérer comme un simple exemplaire de l'édition de Loiseau.

A–D^4 = [1]–32 pp. $2 signés, réclames par cahier.
BNM: Th.B.785(A)

7) Édition plus tardive: B2

RAOUL, | BARBE BLEUE, | COMÉDIE. | EN TROIS ACTES ET EN PROSE, | *REPRÉSENTÉE, pour la premiere fois, par les Comédiens* | *Italiens le lundi 2 Mars, 1789.* | [filet] | Paroles de M. SÉDAINE. | Musique de M. GRÉTRY. | [filet] | [fleuron] | A AVIGNON, | Chez ALPHONSE BERENGUIER, Imprimeur-Libraire, | près les ci-devant Jésuites. | [filet enflé] | An Troisieme.
In-8° (4 feuillets par cahier), 28 pp.
A–C^4, D^2 = [1]–28 pp. $2 signés, réclames par cahier.
[Trinity College, Dublin, Early Printed books: OLS L-11-78.no1]
Le texte de cette édition est identique, à une variante près, à celui de G, notre texte de base: aucune modification significative du texte n'a donc été faite pour la publication en l'An III.

Partition gravée (PG)

BARBE BLEUE | Comédie en Prose et en Trois Actes | *Paroles de M. SEDAINE.* | *de l'Academie Françoise* | *Representée pour la premiere fois par les Comédiens Italiens ordinaires du Roi* | *le Lundi 2 Mars 1789.* | DÉDIÉE | *a Monsieur* | *Godefroid de Villetaneuse* | *Mise en Musique* | PAR M^R. GRETRY | *de plusieurs Academies* | Oeuvre XXVIII. | Prix 24^{lt}. | *Les Parties se vendent séparément* 12^{lt}. | *Gravée par Huguet Musicien de la Comédie Italienne.* | *A PARIS Chez l'Auteur Rue Poissonniere vis-a-vis celle Beauregard.* | *Et aux Adresses ordinaires de Musique.*
In-fol, [2]–149 pp.
BL: Hirsch.II.315, R.M.13.d.5, H.511.h.(2.)

Partition manuscrite partielle

'Vive, vive ces deux époux' et 'vit on jamais tant de forfait': musique de chœur sur 3 portées, 3 f. ms. [déchirure et manques au dernier feuillet]
[Po: MAT.F.661]

Mouvements musicaux gravés

Sept mouvements musicaux ont été publiés à part sous forme de bi-folios: ils comportent la mélodie et les paroles (et dans le cas du septième, l'accompagnement): 'Venez régner en souveraine', 'Il n'est plus de malheur', 'Perfide tu l'as ouverte', 'Duo: Ah je vous rends, charmante Isaure', 'Duo: Il m'enlevait',

'Est-il beauté que je n'efface', 'Vergi ton souvenir'. Un exemplaire est relié à la suite de l'exemplaire BnF: Yf-11631, et porte l'étiquette du marchand-libraire: 'Chez Corbeau, Rue de Thionville, no. 28'.

RAOUL,
BARBE BLEUE,

COMÉDIE

EN TROIS ACTES ET EN PROSE,

REPRÉSENTÉE, pour la premiere fois, par les Comédiens Italiens ordinaires du Roi, le lundi 2 mars 1789.

Paroles de M. SEDAINE.
Musique de M. GRÉTRY.

A AVIGNON,
Chez JACQUES GARRIGAN, Imprimeur-Libraire,
Place St- Didier.

1791.

ACTEURS.[1]

RAOUL, BARBE BLEUE, tyran féodal.[2]
ISAURE, amante de Vergi.[3]
VERGI, amant d'Isaure.[4]
LE MARQUIS DE CARABAS,[5] } frères d'Isaure.[7]
LE VICOMTE DE CARABI,[6] }
OSMAN, vieux majordome de Raoul.[8]
JACQUES, petit paysan.
JEANNE, petite paysanne bergère.[9]
BERGERS et BERGÈRES.[10]
SOLDATS de Raoul.
CHEVALIERS.[11]

La Scène se passe dans le château de Raoul.

---

[1] D1, D2: PERSONNAGES; MS: [*donne une liste différente, comme suit*] Raoul: C[en] Chevrier; Vergi: C[en] Cretu; Le M. Carabas: Cellier; Carabi: [*aucun nom*]; Offmann: Trial; Un vassal: Ceruly; Un Ecuyer: [*aucun nom*]; Jacquart: [*aucun nom*]; Isaure: C[ne] Dugazon; Laurette: [*aucun nom*]; Jeanne: [*aucun nom*]; Paysans, Paysannes, Soldats. PG: [*ne comporte pas de liste de personnages*].

[2] D1, D2: RAOUL.

[3] D1, D2: ISAURE.

[4] D1, D2: VERGI.

[5] D1, D2: LE MARQUIS.

[6] D1, D2: LE VICOMTE.

[7] D1, D2: [*ajoutent à cet endroit*] LAURETTE, suivante d'Isaure.

[8] ['Majordonne' dans le texte de référence; cette orthographe n'est pas attestée dans les dictionnaires de l'époque, et nous la corrigeons.] D1, D2: OSMAN, confident de Raoul.

[9] D2: JEANNE, petit [*sic*] paysanne; D1, V: JEANNE, petite paysanne.

[10] D1, D2: CHOEUR DE BERGERS & BERGERES.

[11] D1, D2: TROUPE DE SOLDATS.

RAOUL BARBE BLEUE, COMÉDIE.[1]

ACTE PREMIER.

Le Théâtre représente la plus belle salle du château le plus délabré; il y a des parties[2] étayées; des murailles de la plus grande épaisseur, et de petites fenêtres étroites; il y a accroché dans cette salle des casques, des cuirasses, des boucliers, des lances, des massues antiques, tels qu'ils étaient aux IX. et X. siècles.

SCÈNE PREMIÈRE.

ISAURE, VERGI.[3]

On voit dans le fond le petit paysan Jacques et la petite paysanne bergère Jeanne.[4]

VERGI, *à* ISAURE.

Ils viennent vous remercier, belle Isaure, de ce que je les ai tirés des mains d'un Chevalier dit courtois[5] qui enlevait Jeanne et battait Jacques.

DUO.

JEANNE.	JACQUES.[6]
Il m'enlevait,	Il me battait,
Il m'embrassait,	Il me frappait,
Ah! malgré moi,	
Il m'embrassait,[7]	J'étais en grand effroi,

ENSEMBLE.

Quand brave sire
Tomba sur lui
Et sut réduire
Notre ennemi.

---

[1] Ms: Raoul barbe Bleu | Comédie en 3 Actes en prose | mêlée d'ariettes; PG: RAOUL | *BARBE BLEUE.*

[2] Ms: [*le reste de cette didascalie manque*].

[3] Ms: Isaure, Vergy, Jacques, Jeanne.

[4] Ms: [*la didascalie manque entièrement*]; D1, D2, V: *un petit paysan et une petite paysanne; PG: un petit Paysan Jacques et une petite Paysanne Bergère Jeanne.*

[5] Ms, D1, D2, PG: discourtois

[6] PG: Jacquot

[7] Ms: [*porte, à cet endroit*: 'ah! malgré moi j'étais en grand effroi', *rendant ainsi les deux voix du duo identiques*].

ISAURE, *à part.*

Ah, cher Vergi![1]

JEANNE.
Ah! grand merci
Sir Vergi.
Et Jeanne aussi
Vous remerci.

JACQUES, *faisant la révérence.*[2]
Et Jacques aussi,
Vous remercie;

ISAURE.[3]

De vos malheurs je suis toute saisie;
Redites-les à mon âme attendrie.

JEANNE.
Il m'enlevait
Il m'embrassait,
Ah! malgré moi,
Il m'embrassait,

JACQUES.
II me battait
Il me frappait;
J'étais en grand effroi.

ENSEMBLE.
Quand brave Sire
Tomba sur lui
Et sut réduire
Notre ennemi.
Ah! grand merci,
Sir Vergi,
Madame aussi,
Vous aussi.

JACQUES.
Et Jacques aussi
Vous remerci.

JEANNE.
Et Jeanne aussi
Vous remerci.

ISAURE.

J'aurais été bien curieuse de voir l'entreprise du Chevalier dit courtois,[4] et le combat du brave écuyer qui vous a tirés[5] de ses mains.

JEANNE.

Ah, dame, cela faisait trembler.

---

[1] D1, D2: mon cher Vergi!, [*répété*]; Ms: [*cette réplique manque et le duo n'est pas interrompu*]
[2] Ms, D1, D2: <*faisant la révérence*>; PG: *la Reverance*
[3] Ms: [*jusqu'à la fin du duo: manque*]
[4] Ms, D1, D2, PG: discourtois
[5] D1, D2, PG: tiré

JACQUES.

J'en tremble encore.

VERGI.

C'est bien: allez, bonnes gens, je vous retiens à mon service.[1]

SCÈNE II.

ISAURE, VERGI.

ISAURE.

J'aurais désiré[2] savoir d'eux tous les détails de cette querelle et ceux de votre combat.[3]

VERGI.

Ah, belle Isaure, quand l'équité met les armes à la main, le combat n'est jamais long.

ISAURE.

Je vous remercie du bien que vous avez fait à ces bonnes gens.

VERGI.

Belle Isaure, c'est à vous qu'ils le doivent,[4] je ne fais que ce que m'inspire le désir de vous plaire.

ISAURE.

Hier encore, ce pèlerin que vous avez sauvé.

VERGI.

C'est pour vous.

ISAURE.

Et ces deux marchands arrachés à la fureur de ces scélérats.

VERGI.

C'est encore pour vous.[5]

ISAURE.

Ah! si mes frères écoutaient mes vœux!

---

1 Ms: <je vous retiens à mon service> (*Les enfants sortent.*)
2 Ms: J'aurais eu la curiosité de
3 Ms: et toutes les circonstances de votre combat.
4 Ms: C'est à vous qu'ils le doivent, ma chère Isaure
5 PG: <pour>

VERGI.

Ah! s'ils se rendaient aux miens!

ISAURE.

Bientôt unis.

VERGI.

Bientôt au comble de la félicité.

ISAURE.

Il n'y faut pas penser;[1] le renversement de notre fortune et de la vôtre pendant vos[2] voyages d'outre-mer, nos châteaux ruinés, nos champs ravagés, nos bois brûlés.[3]

VERGI.

Il est vrai.[4]

ISAURE.

Enfin la plus grande infortune nous met dans un état à ne pouvoir soutenir le rang que nous donne notre noblesse:[5] contentons-nous de nous aimer.

VERGI.

Oui, toute ma vie.

ISAURE.

Il semble que le ciel me destinait à vous, car aussitôt que je vous ai vu…

VERGI.

Et moi de même.

ISAURE.

J'attribuais d'abord l'intérêt que vous m'inspirâtes[6] à votre ressemblance à[7] une sœur aînée que j'avais, et que j'ai perdue.

VERGI.

Vous aviez une sœur?

---

1 Ms: Il n'y faut plus penser Vergi
2 Ms: tous ces
3 D1, D2: détruits.
4 Ms: [*Cette réplique manque.*]
5 Ms: nous met hors d'état de nous epouser:
6 Ms: m'inspiriez
7 Ms: ressemblance entre vous et

ISAURE.

Oui, je l'appelais ma sœur Anne, ma chère sœur Anne… Je crois toujours la voir près de moi.

VERGI.

Vous aimait-elle?

ISAURE.

À la folie.

VERGI.

Appelez-moi,[1] ma sœur Anne.

ISAURE.

Quelle idée!

DUO.

ISAURE.

Vergi, Vergi, jamais Isaure,
Jamais je ne peux être[2] à d'autres[3] qu'à vous.

VERGI.

Oui, oui, c'est d'Isaure dont je dois être l'époux,
Je ne serai jamais l'époux que de la belle Isaure.

ISAURE.

Près de celui que j'adore
Que mes instants seront[4] doux!

ENSEMBLE.

ISAURE.
Près de celui que j'adore.

VERGI.
Près de la belle Isaure
Que mes instants seront doux![5]

---

1 Ms: Eh! bien appelez-moi
2 Ms: jamais Isaure ne peut être
3 D1, D2: d'autre
4 L: sont
5 Ms: ISAURE: 'Vergi, Vergi, jamais Isaure | Ne peut être à d'autres que vous. VERGI: Je ne serai jamais l'époux | que de vous, | Oui c'est Isaure | dont je dois être l'époux. ISAURE: Je n'aurai jamais d'autre époux | Vergi sera l'époux d'Isaure | Près de l'amant que j'adore | Que mes instants seront doux. VERGI: Auprès de celle que j'adore | Que mes instants seront doux. (*A la fin de ce duo Vergi baise les mains d'Isaure, les deux frères les surprennent et ont entendu une partie du duo.*)

SCÈNE III.

ISAURE, VERGI, LE MARQUIS, LE VICOMTE.

LE MARQUIS.[1]

Ils s'aimaient,[2] vous le voyez

LE VICOMTE.

Non, vous ne serez point unis.

ISAURE.

Quoi! mes frères?

LES DEUX FRÈRES.

Non jamais: ton cœur est promis.

VERGI.

À qui?

LES DEUX FRÈRES.

Raoul doit la faire princesse.

ISAURE ET VERGI.

Raoul!

LES DEUX FRÈRES.

Raoul des[3] Carmantans,
Ainsi que de nous la noblesse
Se perd dans le nuit des temps.
Vous n'avez que cinq cents ans
Tout au plus de haute noblesse,
Et vos biens, vos terres et vos champs
Sont dans la plus grande détresse.

VERGI.

De votre sœur j'ai reçu la promesse.

ISAURE ET VERGI.

Liés tous deux par nos serments.

VERGI.

Je lui dois ma tendresse.

---

1 Ms: [*voir annexe des variantes longues A*].
2 D1, PG: Ils s'aiment
3 D1, PG: de

ISAURE.

Sans lui, que de tourments!
Près de celui que j'adore,
Que mes instants seront doux!

VERGI.

Près de la belle Isaure
Que mes instants seront doux!

LES DEUX FRÈRES.

Raoul a ma promesse.

ISAURE.

Oui, de mon cœur il reçut[1] la promesse.

VERGI.

De votre sœur j'ai reçu la promesse.

LES DEUX FRÈRES.

Il te fera Princesse,
Il va venir et je l'attends.

ISAURE.

Vergi reçut[2] tous mes serments.[3]

VERGI.

Unis, unis par nos serments.

ENSEMBLE.

Ah! quels tourments!
Oui, de mon cœur il reçut la promesse.

LES DEUX FRÈRES.

Raoul a ma promesse:
Il va venir et je l'attends.

SCÈNE IV.

LES PRÉCÉDENTS,[4] UN VASSAL.

(On voit venir un nombreux cortège de cavaliers superbement habillés.)[5]

---

1 L: reçoit
2 L: reçoit
3 D1: Je lui dois toute ma tendresse, | Vergi, Vergi, reçut [*etc.*]
4 Ms, D1, D2, PG: LES MÊMES.
5 D1, D2, PG: [*Cette didascalie se présente comme une réplique attribuée à*:] LE VASSAL

LE MARQUIS.

Faites ici,[1] mon frère, rassembler nos Vassaux,[2] et autant qu'ils le pourront, qu'ils fassent honneur à leurs Seigneurs.[3]

(Le Vicomte, Vergi et le Vassal sortent.)[4]

SCÈNE V.

ISAURE, LE MARQUIS.

LE MARQUIS.

Quoi! tu hésiterais[5] d'épouser un homme égal à nous en noblesse? un homme puissant et dont les richesses étonnantes vont relever la splendeur de notre maison? Sais-tu les avantages que Raoul te fait?

ISAURE.

Je ne demande point à le savoir.

LE MARQUIS.

Par le contrat qui est signé de sa main et scellé de ses armes, il te donne tous ses biens après sa mort, soit que le ciel lui accorde ou lui refuse de la postérité.

ISAURE.

Que m'importe?

LE MARQUIS.

As-tu entendu parler de ses possessions, de ses états, de ses châteaux?

ISAURE.

A-t-il les qualités et les vertus de Vergi?

LE MARQUIS.

Vergi a les occupations[6] basses, il s'occupe sans cesse à étudier.[7]

ISAURE.

En est-il moins brave?

---

1 Ms: Ah! c'est Raoul! Faites ici, [*etc.*]
2 Ms: nos parents
3 Ms: qu'ils nous fassent honneur.
4 Ms, D1, D2, PG: [*Il manque la didascalie.*]
5 L: hésitais
6 D1, D2, PG: inclinations
7 Ms: Vergi s'occupe sans cesse à lire et à étudier.

LE MARQUIS.

Doux avec ses vassaux,[1] fier avec nous, il semble qu'il les craigne et qu'il nous méprise.

ISAURE.

On est loin de mépriser ceux dont on désire l'alliance.

LE MARQUIS.

Enfin si tu te refuses à ce qu'exige de toi le respect dû à la mémoire de tes ancêtres et le bonheur de tes frères et ton propre honneur; crois-tu que nous souffrirons que Vergi paraisse sur nos terres et y paraisse sans danger pour lui[;][2] et sire[3] Raoul, qui pourra bien apprendre le motif de tes refus, manquera-t-il de moyens de se venger? Penses-y, il va paraître.

ISAURE.

Non, jamais.

LE MARQUIS.

Jamais?

ISAURE.

Je recevrai sa visite, je le dois: mais pourquoi pense-t-il à moi? Que n'épouse-t-il, l'une après l'autre, les filles de ses écuyers et de ses vassaux[?][4]

LE MARQUIS.

Il veut une alliance plus noble.

ISAURE.

Qu'il ne la cherche point ici. Je ne veux point succéder aux trois femmes qu'il a déjà eues.

LE MARQUIS.

Il les rendait heureuses.

ISAURE.

Cela peut être, mais il ne fera jamais mon bonheur.

LE MARQUIS.

Je vais le recevoir: pour toi, tu dois l'attendre ici.

---

1 Ms: voisins

2 [*Nous rétablissons le point-virgule d'après L, D1, D2, plus logique syntaxiquement.*]

3 PG, D: sir Raoul

4 Ms: les filles de ses voisins

ISAURE.

Je le recevrai, j'aurai pour lui les égards que méritent son rang, sa noblesse et sa demande.[1]

SCÈNE VI.

ISAURE, *seule*.[2]

Moi, je serais infidèle à Vergi!
Non, il n'est point de puissance,
Qui, dans ce cœur[3] tout à lui,
Puisse affaiblir ma constance.

SCÈNE VII.

RAOUL, ISAURE, SES[4] FRÈRES, LE CORTÈGE.

(Sur l'air[5] d'une marche, arrivent des gens d'une même livrée, habillés comme les valets de[6] cartes.

Le Majordome[7] présente des coffres remplis d'étoffes précieuses, des[8] chapeaux de fleurs, garnis de plumes, des écrins de diamants, une couronne de princesse. Isaure regarde tout cela[9] avec dédain; tout cela[10] est posé sur des tables. Ensuite une grande et belle toilette sur laquelle est un beau miroir, couvert d'une tavayole; ensuite paraissent les deux frères[11] armés de pied en cap: ils présentent à leur sœur, Raoul habillé richement: on porte à côté de lui sa bannière, ses armoiries, son casque, etc. le tout très-riche.)

RAOUL.[12]

Venez régner en Souveraine
Sur mes sujets, sur mes états;

---

[1] Ms: [ajoute la didascalie suivante] (*Elle arrange son chapeau sur sa tête en se mirant dans le bouclier que tient Laurette à genoux avant elle.)*

[2] Ms: Air

[3] Ms: dans un cœur

[4] Ms: LES 2. FRÈRES; D1, D2, PG: LES FRERES.

[5] PG: *Alors sur l'air* [etc.]

[6] G, L, B: des. [*Nous corrigeons en 'de', suivant les autres éditions.*]

[7] PG: *Un vieux Majordome*; D1, D2: *Un vieux Majordonne*

[8] D1, D2, PG: *de*

[9] D1, D2: *<tout> cela*

[10] D1, D2: *le tout*

[11] D1, D2: *Les deux frères paraissent*

[12] PG: [*Le mouvement commence avec une marche, avec la didascalie suivante*] (*Deux fois chaque reprises* [*sic*] *de la Marche: la premiere doux la seconde fort. On la répète autant qu'il est nécessaire.*) Ms: [*La didascalie manque, et l'ariette de Raoul a les paroles suivantes*] Venez jouir de ma richesse | Venez jouir d'un vrai bonheur | De mes trésors, de ma tendresse | Et des sentiments de mon cœur | Ce n'est plus par obéissance | Qu'on doit tout céder en ce jour | La crainte faisait la puissance | Il faut la devoir à l'amour | Venez, jouir &c.

Vous méritez d'être leur Reine
Par vos vertus par vos appas,

(Osman montre à Raoul Isaure avec l'air de supplier par[1] *elle: Raoul jette à*[2] *Osman un regard farouche.)*[3]

Que le frein de l'obéissance
Ait d'autres motifs en ce jour,
La crainte faisait ma puissance,
Je vais la devoir à l'amour.
Venez régner, etc.

ISAURE.

Sire Raoul, mes frères connaissaient mes intentions; elles sont immuables,[4] je vais me retirer, je les[5] prie de vous les dire.[6]

RAOUL.

Non, Madame, non, c'est nous qui allons laisser la belle Isaure, se livrer à ses prudentes réflexions; j'espère qu'elles me seront favorables. (*Ils se retirent.*)[7]

SCÈNE VIII.

ISAURE, *seule.*[8]

Non, le serment fait à Vergi,
Commande toujours à mon âme,
Je ne veux vivre que pour lui,
Avant que d'éteindre la flamme
Qui tous deux nous a réunis.
La mort viendra couper ma trame,
C'est pour lui seul que je vis.

(Elle regarde les bijoux avec dédain.[9]*)*

RÉCITATIF.[10]

Par ces bijoux, croit-on séduire
Des[11] yeux qui ne voient que lui?

---

1 D1, D2, L: *pour*
2 D1, D2: *sur*
3 MS: [*cette didascalie manque.*]
4 Ms: <elles sont immuables>
5 L: le
6 Ms: de vouloir bien vous les dire
7 D1, D2, PG: <(*Ils se retirent.*)>; ms: (*Il se retire dans le même ordre et sur la même marche.*)
8 Ms: Air
9 Ms: (*Elle regarde les bijoux qui sont sur une table et y jette un œil de dédain.*)
10 Ms: [*Mention absente*]
11 Ms: Ses

Je refuserais un empire,
Si je l'obtenais sans Vergi.

(Elle regarde les diamants.)[1]

Ces diamants peuvent-ils[2] m'éblouir,
Fussent-ils plus brillants encore?
Ils sont beaux, il est vrai, quels feux ils font jaillir![3]
De quel éclat ce rubis se colore!

(Elle regarde la toilette.)[4]

Mais que cache à mes yeux ce superbe tapis?

(Elle découvre le miroir.)[5]

Ciel! que vois-je? c'est moi-même.
Quelle surprise extrême!
Qu'un tel miroir est d'un grand prix![6]

(Sa robe touche au tapis de la toilette.)

Le triste habit près de ce brocard d'or!
Ah! Vergi, que n'es-tu maître de ce trésor!
Tu l'offrirais à ta fidèle Isaure;
Tu l'offrirais à celle qui t'adore.
Comme j'accepterais tes dons!
Ciel! que vais-je? quel diadème?[7]
Quelle élégance[8] extrème!

(Elle pose le diadème sur sa tête.)[9]

Comme il ajoute à mes appas![10]

ARIETTE.[11]

Est-il beauté que je n'efface,
Si telle que dans cette glace,
Je présidais[12] dans un tournois?

---

[1] Ms: (*Elle regarde les diamants d'abord avec indifférence, ensuite avec attention après avec intérêt elle finit avec un air de dédain affecté.*)

[2] Ms: pourraient-ils

[3] Ms: <il est vrai,>

[4] D1, D2, PG: (*Elle regarde la table de toilette*); ms: [*le dernier vers et la didascalie manquent.*]

[5] Ms: (*Elle se lève et voit un grand miroir.*)

[6] Ms: Ciel! que vois-je? quelle richesse extrême | qu'un tel miroir est d'un grand prix!

[7] Ms: mais … qu'aperçois-je un diadème

[8] Ms: richesse

[9] Ms: (*Elle le prend dans ses mains, l'examine, le pose sur sa tête après avoir ôté son chapeau de plumes commence:*)

[10] Ms: Ah! qu'il est bien, quel goût, quelle élégance extrême | Comme il ajoute à mes appas. (*pendant la Ritournelle elle se mire et s'admire.*)

[11] D1, D2, PG: [*La section suivante n'est pas dénommée* ARIETTE *mais un changement de tempo dans la PG (allegro) signale implicitement une nouvelle section.*]

[12] Ms: paraissais

Ma beauté charmerait les Rois,[1]
Et pour mes frères, quelle gloire!
Ils s'écrieraient: voilà ma sœur.
Oui la voilà, peut-on[2] croire
Qu'elle unirait tant de splendeur?

SCÈNE IX.

ISAURE, LAURETTE.

LAURETTE.[3]

Ah! damoiselle Isaure… est-ce bien vous… ah! que vous êtes bien…[4]

ISAURE, *confuse.*[5]

Retirez-vous, Laurette.

LAURETTE.

Vos frères sont furieux contre sire Vergi.

ISAURE.

Est-ce qu'il leur parle!

LAURETTE.

Non.

ISAURE.

Retirez-vous.

SCÈNE X.

ISAURE, *seule.*

Ah! mes frères, mes frères; je sens tous les reproches dont vous pouvez m'accabler. Vous me direz: tu pouvais faire le bonheur de toute la famille; nous rachetions nos biens, nous relevions nos châteaux; nos écuyers, nos vassaux,[6] tous étaient heureux et tu ne l'as pas voulu… Mais le puis-je! Ah! Vergi, Vergi… Oh,[7] ciel!… sa mort est certaine… et mes frères ou Raoul ne manqueront pas d'en tirer la plus terrible vengeance. Ah! sauvons, sauvons ses jours, et sacrifions

---

1 Ms: donnerait des lois
2 Ms: pourrait-on; D1, D2, PG: pouvait-on
3 Ms: [ajoute] (*entrant, examine Isaure laisse finir la ritournelle et dit*)
4 Ms: Ah! Demoiselle Isaure, que vous êtes bien!
5 Ms: (*ôtant son chapeau, le collier, remet son chapeau simple, recouvre le miroir*)
6 Ms: nos possessions, nos parents, nos amis
7 Ms: Ah!

mon bonheur à sa sûreté. Mais je ne peux[1] disposer de ma main sans son consentement, elle est à lui:[2] Vergi, aussi infortuné que ton Isaure, seras-tu aussi[3] généreux qu'elle? Ah! il est généreux Vergi.

SCÈNE XI.

ISAURE, VERGI.

ISAURE.

Ah! Vergi, Vergi, je suis au désespoir.[4] Dois-je immoler mon bonheur et le vôtre à celui de tout ce qui m'entoure? Dois-je préférer la paix de ma famille à cet amour que j'aurai toujours pour vous? Dois-je rendre nos jours infortunés,[5] pour rendre heureuse[6] la destinée d'une famille illustre[7] et tendrement chérie?

DUO.

VERGI.

Ah! je vous rends, charmante[8] Isaure,
Les serments que vous m'avez faits.

ISAURE.

Quoi, vous cher amant, cher amant que j'adore,
Vous me rendez les serments que j'ai faits.

VERGI.

Faites le bonheur de vos frères,
Assurez-le[9] par vos bienfaits.

ISAURE.

Quoi! vous vous immolez au bonheur de mes frères,
Mon cœur est à vous pour jamais.

VERGI.

Que vos jours à jamais prospères
Coulent dans le sein de la paix!

ISAURE.

Vous vous immolez au bonheur de mes frères,
Nos feux n'en seront que plus parfaits.

---

1 D1, D2: puis
2 Ms: <Mais je ne peux disposer de ma main sans son consentement, elle est à lui.>
3 Ms: moins
4 Ms: [*ajoute, à cet endroit*:] VERGI: qui peut le causer
5 Ms: fortunés
6 Ms: malheureuse
7 Ms: respectable
8 Ms: <charmante>
9 Ms: rassurez-les

VERGI.

Comme une ombre errante et plaintive,
Mon âme suivra mes amours,
Près de vous je serai toujours.
Si Raoul vous trouve pensive,
Dites-lui je pense à ma sœur,
À celle qui laisse en mon cœur,
Une trace d'amour bien vive.

ISAURE.

Quoi! cher amant, cher amant que j'adore,
Vous me rendez les serments que j'ai faits.
Mon cœur est à vous pour jamais
Et nos feux n'en seront que plus parfaits.

VERGI.

Oui, je vous rends, charmante Isaure,
Les serments que vous m'avez faits.

ISAURE.

J'entends mes frères, adieu.

VERGI.

Adieu.[1]

SCÈNE XII.

ISAURE, RAOUL, LES DEUX FRÈRES, LE CORTÈGE.

LE MARQUIS.

Hé bien, ma sœur?

LE VICOMTE.

Êtes-vous décidée?

RAOUL.

Serai-je le plus heureux des époux?[2]

ISAURE, (*se jette*[3] *dans les bras de son frère*).[4]

Ah! mes frères… ah! Vergi. s

1 Ms: [*il manque la réponse de Vergi.*]
2 Ms: [*Cette réplique manque.*]
3 D1, D2, PG: *Elle se jette*
4 Ms: *ses frères.*

RAOUL.

Que dit la charmante Isaure?

ISAURE.

J'obéis à mes frères.

(Elle tend la main. Le Marquis la met dans celle de Raoul; aussitôt les vassaux,[1] *le cortège, le chœur*[2] *chante.)*[3]

CHŒUR.

Vivent ces[4] deux époux:
À ce couple rare,
Que l'amour prépare[5]
Les nœuds les plus doux.

(On reprend la marche[6] *sur laquelle Raoul conduit Isaure, suivi de son cortège.)*[7]

Fin du premier Acte.

---

1 Ms: *aussitôt une fanfare, les vassaux,*
2 D1, D2, L: *et le chœur*
3 D1, D2, PG, *chantent*; Ms: *le chœur entier chante*
4 Ms: les
5 Ms: [*Ces deux vers sont inversés.*]
6 PG: *la marche p. 31 sur laquelle* [*etc.*]
7 Ms: [*Il manque cette didascalie.*]

ACTE SECOND.

(Le Théâtre représente un appartement magnifique, sur un des côtés la porte ornée d'un cabinet.)[1]

SCÈNE I.

RAOUL, *avec un cortège auquel il fait signe de se retirer;* OSMAN, *majordome, qui dans le premier Acte a apporté les présents.*[2]

RAOUL.

Eh bien! Osman, n'ai-je pas une épouse charmante?

OSMAN.

Oui, Seigneur.

RAOUL.

Je vais enfin savoir[3] si une femme d'une naissance[4] illustre cède au tourment de la curiosité avec autant de faiblesse que les filles de mes vassaux.[5]

OSMAN.

Ah! je crois, Seigneur, que vous ne la mettrez pas aux mêmes épreuves que les autres.

RAOUL.

Pourquoi doutes-tu que je n'éprouve si elle est aussi curieuse que l'ont été les trois femmes que j'ai punies?

OSMAN.

Punies! ah, Monseigneur, la punition est si terrible et votre épouse est si douce et si belle!

RAOUL.

As-tu oublié ce qui m'a été prédit trois fois?[6] As-tu oublié que trois femmes, l'une après l'autre, en trois occasions différentes m'ont assuré que la curiosité de ma femme serait la cause de ma mort? Et tu veux que j'aie de l'indulgence?

---

1 Ms: [*Il manque cette didascalie.*]

2 Ms: Offman <, *majordome, qui dans le premier Acte a apporté les présents*>; D1, D2: OFMAN <, *majordome, qui dans le premier Acte a apporté les présents*>

3 Ms: savoir enfin

4 Ms: maison

5 Ms: les filles des écuyers mes voisins.

6 Ms: <trois fois>

Non, je n'épargnerai que celle qui n'aura point la faiblesse[1] de vouloir connaître les choses dont je lui interdirai la connaissance.[2]

OSMAN.

Mais, au moins, ne cherchez point à exciter sa curiosité.

RAOUL.

Heureusement pour elle et pour moi, elle paraît n'en avoir point.[3]

OSMAN.

Hé bien, Seigneur, contentez-vous des ménagements et de la discrétion qu'elle fera voir dans toute sa conduite, et ne la punissez pas de la cruauté de vos essais: elle est si charmante, si douce, si aimable.[4]

DUO.

RAOUL.

Je te trouve bien pitoyable.
Eh! que t'importe son sort,
Et qu'Isaure soit aimable?
Pour cet avis secourable,[5]
Tu mériterais la mort.

OSMAN.

Avec vous je suis d'accord,
Ne soyez point[6] pitoyable,
Eh! que m'importe son sort?
Vous dire qu'elle est aimable,
Est-ce mériter la mort?

RAOUL.	OSMAN.
Si j'en croyais mon transport,	Avec vous je suis d'accord, Eh! que m'importe son sort? Ne soyez point[7] pitoyable, Avec vous je suis d'accord.
Je punirais un coupable; Je te donnerais la mort.	

---

[1] Ms: la funeste passion
[2] Ms: connaître ce que je lui interdirai.
[3] Ms: n'en point avoir.
[4] Ms: elle est si charmante, elle est si douce, elle est si aimable.
[5] D1, D2: charitable
[6] Ms: pas
[7] Ms: pas

Vous dire qu'elle est aimable,
Est-ce mériter la mort?
Tuez-les l'un[1] après l'autre,
Cela[2] ne me regarde pas.
En défendant son[3] trépas,
Seigneur, je pensais au vôtre.

Au mien...

Oui, car son trépas
Serait vengé par ses frères.

Ses frères? je ne crains pas
De si faibles adversaires.

Eh bien, décidez de son sort,
Avec vous je suis d'accord.

Contre eux j'ai vingt mille bras
Armés de leurs cimeterres.
Si j'en croyais mon transport,

Avec vous je suis d'accord,
Eh! que m'importe son sort?

Je punirais un coupable,
Je te donnerais la mort.[4]

Vous dire qu'elle est aimable,
Est-ce mériter la mort?

SCÈNE II.

RAOUL, ISAURE, *en habit magnifique;*[5] OSMAN, *dans le*[6] *fond du théâtre.*

RAOUL.

Votre réveil, Madame, a précédé le lever de l'aurore.[7] Avez-vous donné à vos femmes[8] l'ordre que vous avez bien voulu recevoir de moi?

ISAURE.

Oui, Seigneur, je leur ai dit[9] qu'elles n'entrassent jamais pour me servir que dans la piece où elles sont venues.

---

[1] Ms, D1, L, PG, D2: l'une
[2] D1: Ça.
[3] D1, D2, PG: ce; ms: en parlant de son.
[4] Ms: ne sois pas si pitoyable | ou bientôt le même sort | saurait punir un coupable | Je te donnerais la mort.
[5] D1: *habits magnifiques*; Ms: [*cette indication manque.*]
[6] D1: <*le*>
[7] Ms: <Votre réveil, Madame, a précédé le lever de l'aurore.> Belle Isaure, avez-vous [*etc.*]
[8] Ms: <à vos femmes>
[9] Ms: j'ai dit à mes femmes

RAOUL.

Je vous en suis obligé. J'ai mes défauts, belle Isaure, je n'en ai peut-être qu'un, celui de ne pouvoir supporter la curiosité dans une femme; et ces sortes de femmes, vous le savez…

ISAURE.

Vous avez raison, sire Raoul, sans naissance et sans éducation,[1] elles ne peuvent manquer d'être curieuses et indiscrètes.

RAOUL.

Ainsi vous ne serez ni l'une[2] ni l'autre.

ISAURE.

Je le crois.

RAOUL.

Je vais, belle Isaure, vous quitter pour quelque temps.

ISAURE.

Moi, Seigneur?

RAOUL.

Oui.

ISAURE.

N'êtes-vous pas le maître de faire ce qui vous plaît?[3]

RAOUL.

Je vais parcourir mes domaines et faire préparer[4] les fêtes que je veux vous donner.[5] Je vous laisse ici souveraine; parcourez mon château,[6] mes jardins, mes parcs. Osman? (*Osman approche.*)[7] Ce vieillard que je vous laisse vous obéira et fera exécuter vos ordres; je vais remettre[8] dans vos mains toutes les clefs de mes trésors; ces clefs ouvrent toutes les portes: vous êtes la maîtresse de disposer de tout ce que vous y verrez; je ne vous interdis cependant que la jouissance de cette clef dont la tige est d'or et l'anneau de diamants;[9] c'est celle de cette porte; ce n'est pas que ce cabinet renferme des choses bien précieuses, mais mon

---

1 Ms: sans naissance, sans éducation
2 Ms: l'un
3 Ms: [*il manque cette réplique.*]
4 Ms: et préparer
5 Ms: que je veux vous donner pour célébrer notre hymen.
6 Ms: je vous laisse ici la souveraine de toutes mes possessions voyez mon château,
7 Ms: [*la didascalie est remplacée par la réplique*:] OFMAN: Seigneur
8 Ms: je remets
9 Ms, PG, D1, D2: diamant

bonheur et le vôtre sont attachés à cette défense et sa violation pourrait causer les plus grands malheurs.

ISAURE.

Permettez-moi de vous représenter qu'avec une femme qui ne serait point pénétrée comme je le suis des principes dans lesquels j'ai été élevée, cette défense unique et particuliere pourrait peut-être enflammer sa curiosité, plutôt que l'éteindre.[1]

OSMAN, *à part.*

On ne peut mieux dire. Bien, bien.

RAOUL.[2]

Heureusement vous êtes sûre de vos principes.

ISAURE.

Hé mais, Seigneur, gardez cette clef.

OSMAN.

Bien, bien.

RAOUL.

Ah, Madame, il ne m'arrivera jamais de douter de la certitude des promesses que me fera ma chère épouse. (*Il va à Osman, lui dit un mot et revient.*)[3]

TRIO.

RAOUL.	OSMAN.	ISAURE.
Jurez-moi,		
		Que je vous jure…
		Mais, Seigneur, pourquoi jurer?
		Gardez cette clef:
		Votre ame sera plus sûre
		Que je n'aurai point troublé
		Ce que vous avez réglé.
Non, gardez cette clef,		

1 D1: plutôt que de l'éteindre.
2 Ms: [*ajoute*] (*Après avoir regardé Ofman.*)
3 Ms: que vous me ferez. [*La disascalie manque*].

RAOUL.	OSMAN.	ISAURE.
Ma défense est un peu dure,[1] Mais de vous, vous êtes sûre,		
	Pourquoi la faire jurer, Pour en faire une parjure,	
Jurez-moi,		
	Heureusement elle est sûre De ne jamais s'égarer,	
	Et je ferais la gageure[2]	Je vous jure.
	Qu'elle saura se garder De tourmenter la serrure.	
Oui, de vous, vous êtes sûre.		De moi, Seigneur, je suis sûre. La défense n'est pas dure; Puisque vous la commandez J'obéirai sans murmure.[3]
	Elle est sûre, Elle saura se garder De tourmenter la serrure.	
Jurez-moi,		Que je vous jure;
Gardez bien cette clef.	Mais pourquoi la faire jurer? Pour en faire une parjure.	Mais, Seigneur, pourquoi jurer?
		Gardez vous-même cette clef,
Non, de vous, vous êtes sûre.	Heureusement elle est sûre	Votre âme sera plus sûre

1 [*Notre édition de référence, ainsi que L et B donnent:* rude; *mais nous corrigeons d'après les autres éditions en:* dure, *pour conserver la rime.*]

2 Ms: et je ferais bien gageure; PG: <la> gageure

3 Ms: La défense n'est point dure | De moi seigneur je suis sûre | Puisque vous me défendez | Puisque vous le commandez | J'obéirai sans murmure.

RAOUL.	OSMAN.	ISAURE.
Pour que mon cœur soit troublé,	De ne jamais s'égarer,	Que je n'aurai pas troublé
		Ce que vous aurez réglé.
Gardez, gardez cette clef.	Et je ferais la gageure[1]	
De vous, vous êtes trop sûre,	Qu'elle saura se garder	
Ce serait vous faire injure	De tourmenter la serrure;	
Si mon cœur était troublé.	Mais pourquoi la faire jurer.	Mais pourquoi me faire jurer.

SCÈNE III.

LES PRÉCÉDENTS,[2] UN ÉCUYER.

(On entend la trompette de la guette du[3] sentinelle.)

RAOUL.

Qu'est-ce que j'entends? (*Osman sort et rentre avec l'Écuyer.*)

L'ÉCUYER.

Une grande et noble[4] dame montée sur son palefroi et suivie de deux pages et d'un écuyer[5] a demandé qu'on baissât les fleches du pont.

RAOUL.

Qu'est-ce que c'est que cette femme? une curieuse sans doute.[6]

L'ÉCUYER.

Elle [a] dit qu'elle était sœur[7] de la belle Isaure, et qu'elle se nommait demoiselle[8] Anne.

ISAURE, *à part.*

Ciel! c'est Vergi. Quelle imprudence![9]

---

1 Ms: et je ferais bien gageure; PG: <la> gageure
2 Ms, D1, D2, V, PG: LES MÊMES.
3 Ms: <*guette du*>
4 Ms: ~~riche et~~ belle
5 Ms: ~~et suivie de deux amis et d'un parent~~
6 Ms: <une curieuse sans doute.>
7 Ms, PG, L, B: la sœur
8 Ms: <demoiselle>
9 Ms: [*Il suit un début de phrase biffé, peut-être*:] Se reconnait-il

RAOUL.

Vous avez[1] une sœur? je ne croyais pas…[2] je l'ignorais. Je suis aise[3] qu'elle vous tienne compagnie; l'amusement fait distraction et donne des forces à la prudence.

SCÈNE IV.

RAOUL, VERGI *en femme*; ISAURE, OSMAN.

RAOUL, *à part.*

Quelle grande et superbe[4] femme![5]

VERGI, *conduit*[6] *par Osman.*

Seigneur[7] Raoul, j'ai cru que je ne devais point passer sur vos terres, sans présenter ici mes félicitations.

RAOUL.

Madame…[8] j'ignorais que ma femme avait[9] une sœur.

VERGI.

Sœur de père, seulement, mais liée ainsi qu'elle à des nœuds que la mort seule peut briser.[10]

RAOUL.

Votre arrivée, Madame, augmente mes regrets: je suis forcé de quitter ces lieux; je partais, mais je suis charmé de laisser à la belle Isaure sa compagne la plus chère: j'espère, Madame, vous retrouver ici à mon retour; je vais le hâter le plus qu'il me sera possible. Osman?

OSMAN.

Seigneur.

RAOUL.

Rassemblez tous les gens que renferme cette enceinte, donnez à ces dames une

---

1 Ms: aviez
2 Ms: <je ne croyais pas….>
3 Ms: Je suis cependant bien aise
4 D1, D2, PG: belle
5 Ms: [*Il manque cette première réplique*]
6 Ms: *amené*
7 Ms: <Seigneur>
8 Ms: Belle Dame
9 Ms: eut
10 Ms: (*Il approche et embrasse Isaure.*)

fête champêtre et employez tous vos soins pour[1] les amuser jusqu'à mon retour. Adieu, mesdames. (*Les dames le reconduisent.*)[2]

SCÈNE V.

ISAURE, VERGI.

ISAURE.

Ah! malheureux Vergi, qu'êtes-vous venu faire en ces lieux?

VERGI.

Vous voir et mourir.

ISAURE.

Ah! partez;[3] mais ne mourez pas: ma vie est attachée à la vôtre.

VERGI.

Puis-je le croire?[4]

ISAURE.

Vergi,[5] pourquoi m'avez-vous dégagée de mes serments?

VERGI.

Vous paraissiez le désirer.

ISAURE.

Désirez-vous[6] m'écouter!

VERGI.

Ne pouvant vous donner des richesses, devais-je vous en priver?

ISAURE.

J'en aurais une d'un plus grand prix.[7]

VERGI.

Soyez heureuse.

---

1 Ms: à
2 ms: [*la didascalie manque.*]
3 D1: parlez
4 ms: m'est-il permis de le croire?
5 ms: Ah! Vergy, Vergy,
6 Ms, D1, D2, PG: Deviez-vous
7 Ms: Le bonheur de nous voir à chaque instant eût été d'un plus grand prix.

ISAURE.

Je ne peux[1] plus l'être.

VERGI.

Vous la[2] serez. Je tremble cependant pour vos jours, et ce sont ces craintes[3] autant que le désir[4] de vous voir qui m'ont fait hasarder mon entrée ici.

ISAURE.

Pourquoi pensez-vous que j'aie sujet de craindre?

VERGI.

La mort précipitée des trois femmes qui vous ont précédée, fait frémir. Et sire Raoul?

ISAURE.

Il me traite avec la plus grande bonté.

VERGI.

De la bonté…

ISAURE.

Vous voyez, il part en me témoignant la plus haute confiance; tous ses trésors sont entre mes mains; ici je puis jouir de tout, excepté cependant…

VERGI.

Excepté, dites-vous? est-il des exceptions pour ce qu'on aime?

ISAURE.

Excepté la jouissance de cette clef qui ouvre ce cabinet: la voilà cette clef.

VERGI.

Elle est bien brillante.

ISAURE.

Oui, elle donne une idée bien singulière de ce qu'elle tient renfermé.

VERGI.

À n'en juger que par elle…

---

1 D1, D2: puis
2 Ms: le
3 Ms: VERGY: Vous le serez, je tremble cependant pour vos jours. | ISAURE: Pour mes jours? | VERGY: Oui, ce sont mes craintes [*etc.*]
4 Ms: le besoin

ISAURE.

Que[1] croyez-vous, Vergi, que renferme ce cabinet?

VERGI.

Eh! mais, pourquoi?[2]

ISAURE.

Ah! sans doute ce n'est qu'un badinage de sire Raoul; il veut éprouver si ma curiosité…

VERGI.

Pourquoi, belle Isaure, chercheriez-vous à la satisfaire? Ne me consultez pas, mais seulement les ornements de cette salle: tous les tableaux qui y sont, semblent donner des leçons pour exhorter à ne point[3] céder à la curiosité.

ISAURE.

Ces tableaux, je ne les avais pas remarqués.

VERGI.

Regardez cette femme changée en statue; celle-ci au désespoir d'avoir indiscrètement ouvert la boîte qui lui a été confiée; et celui-ci représente[4] un des événements de l'histoire de Psyché.

ISAURE.

Quelle est[5] cette Psyché?

VERGI.

Elle était belle comme vous; l'Amour l'aimait comme je vous aime.

ISAURE.

Il était donc bien aimé?

VERGI.

Il n'exigea[6] d'elle que de n'être pas curieuse et[7] elle le fut.

ISAURE.

Est-ce donc une si grande faute?

---

1 Ms: Ah! que [*etc.*]
2 Ms: Je ne sais, mais…
3 Ms: pas
4 Ms: et même voyez; D1, D2: ce tableau représentant
5 L: Quelle est donc
6 Ms: Oui, eh! bien, il n'exigea, [*etc.*]; L: Il exige, [*etc.*]
7 Ms: <et>

VERGI.

Oui, lorsqu'elle est faite[1] malgré les prières et les conseils réitérés d'un objet tendrement aimé.

ISAURE.

Et s'il ne l'est pas?

VERGI.

N'importe.

ISAURE.

Ah! Vergi, j'ai à me faire un reproche bien plus grave que celui que Psyché a pu[2] se faire.

VERGI.

Lequel?

ISAURE.

Chaque instant que nous passons ensemble est une atteinte à mes devoirs; votre imprudence en venant ici, et la mienne en vous y recevant,[3] expose mon honneur et mes jours bien plus que ne le ferait cette curiosité satisfaite.

VERGI.

Vos jours,[4] belle Isaure, vos jours!…[5]

ISAURE.

Adieu.

(Elle met ses mains[6] sur ses yeux; elle s'assied accoudée sur la table[7] où est cette clef brillante.)

SCÈNE VI.

ISAURE, *seule.*[8]

Vergi,[9] ton souvenir
Fera le malheur de ma vie.

---

1 Ms: Oui, lorsqu'on se la permet
2 Ms: devait
3 Ms: <et la mienne en vous y recevant>
4 Ms: Expose vos jours
5 Ms: [*ajoute à cet endroit*] eh! bien je pars; D1, D2, PG: [*ajoute à cet endroit*] je pars…. Adieu
6 Ms: *la main*
7 Ms: [*ajoute à cet endroit un mot raturé illisible.*]
8 Ms: ISAURE | Air
9 Ms: Vergy, Vergy!

Que de regrets sera suivie
La raison qui te fait[1] bannir![2]
Devions-nous briser ce lien,
Ces nœuds, cette union[3] si chère?
Mais non, cherchons à nous[4] distraire,

(Elle regarde le cabinet.)

Sinon… Mais ce lieu solitaire… [5]
Ferais-je mal, ferais-je bien?
Bon,[6] c'est sans doute une chimère,
Et si je pouvais lui déplaire,[7]
M'aurait-il laissé le moyen,
Le moyen de me satisfaire.
Mais comment saurait-il ce mystère?
Cette clef… ce lieu solitaire,
À mon époux n'en[8] dira rien.

(Elle regarde au trou de la serrure, ensuite elle dit:)[9]

On ne voit rien.

(Elle se retire, elle approche, elle se retire; elle met la clef dans la serrure, elle ouvre un tour, elle referme, elle hésite et paraît souffrante;[10] *elle fait un pas et s'arrête à plusieurs reprises;*[11] *elle prend son parti et court au cabinet; elle ouvre un tour, deux, trois; elle ouvre la porte et entre; un moment après elle fait un grand cri, elle*[12] *rentre sur la scène effrayée; son diadème tombe à ses pieds.)*[13]

Dieux! qu'ai-je vu… que de sang, que d'horreurs!
Ciel!…[14] moi-même…. je me meurs.[15]

Elle tombe sur un fauteuil.[16]

---

1 PG, D2: fait te

2 Ms: [*ajoute, à cet endroit*] Vergy, Vergy, ton souvenir | Fait le malheur de ma vie; D1 [*ajoute, à cet endroit*] Vergi, Vergi, Tu fais le malheur de ma vie

3 Ms: Le nom d'une union

4 Ms, D1, D2, PG: me

5 Ms: (*elle regarde la clef.*) Si je… non… ce lieu solitaire

6 Ms: Ah!,

7 Ms: eh! mais pourquoi pourquoi ce mystère | Si cela pouvait lui déplaire

8 D1, D2: ne

9 D1, D2: *<ensuite elle dit:>*

10 D1, D2: *Elle hésite et paraît souffrante. Elle ouvre une tour. Elle referme.*

11 D1, D2: *à chaque fois*; PG: *à chaque forts* [*sic*]

12 PG: *crie. Elle*; D1, D2: *Elle fait un cri et rentre.*

13 Ms: (*Elle va au cabinet, chercher.*). [*Ensuite le ms. laisse un espace vide, peut-être pour une didascalie plus ample; le reste de la didascalie manque.*]

14 Ms: Des femmes! Ciel!; D1, D2, PG: Ces femmes … Ciel!

15 D1, D2, PG: Ah, je me meurs.

16 Ms, D1, D2: [*La didascalie manque.*]

SCÈNE VII.

ISAURE, VERGI.

VERGI.

Quel effroi vous saisit? qu'avez-vous, belle Isaure?

ISAURE, *prenant Vergi pour Raoul.*

Quoi, monstre, tu pourrais, barbare… (*le reconnaissant.*) Ah! c'est Vergi.[1]

VERGI.

C'est moi, c'est votre amant.

ISAURE.

Oh! cher et tendre ami, Vergi, Vergi, je vous implore.

VERGI.

Qu'exigez-vous? que puis-je faire[2] dans ces lieux?

ISAURE.

Allez, entrez, voyez en quel abyme affreux…

(Vergi entre dans le cabinet.)[3]

SCÈNE VIII.

ISAURE, *seule.*[4]

Je me meurs…
Que d'horreurs![5]
Je succombe,
Ah! je tombe.
La frayeur,
Dans mon cœur.
Quelle perfidie!
Quelle barbarie!
Ah! quel sort
Le barbare
Me prépare!
C'est la mort.
Dans mon cœur

---

1 Ms: c'est ~~vous~~ Vergy.

2 Ms, D1, D2, PG: que puis-je <faire>

3 Ms, D1, D2, PG: [*La didascalie manque.*]

4 Ms: [*La scène 8 commence après l'air, faisant ainsi basculer la numérotation des scènes jusqu'à la fin de l'acte II.*]

5 D1, PG: horreur

La frayeur.
Je me meurs.
Que d'horreurs!
Ah! quel sort
Le barbare
Me prépare!
C'est la mort.[1]

SCÈNE IX.

ISAURE, VERGI, *rentrant sur la scène.*[2]

VERGI.

Non, jamais rien de plus horrible
N'a frappé mes regards surpris.
Quel spectacle hideux et terrible!
Trois corps et sanglants et meurtris.
Trois têtes sont réunies
Sur des[3] funestes plateaux.[4]
J'ai lu, j'ai lu[5] ces mots:
Curiosité punie.[6]

ISAURE.	VERGI.
	Le barbare!
Je me meurs.	
Que d'horreurs![7]	
	Le barbare!
	Tu succombes.
Je succombe,	
Ah, je tombe.	
	Quel tourment
ISAURE.	VERGI.
La frayeur	
	Pour ton amant!
Dans mon cœur.	
Quelle perfidie!	Quelle perfidie!

---

1 Ms: Je me meurs | Que d'horreurs | De frayeur | Je succombe | Ah! je tombe | Je me meurs | Barbarie | Inouie | A quel sort | Le barbare | Me prépare | C'est la mort.
2 D1, D2: <, *rentrant sur la Scène*>; ms: Air
3 Ms, D1, D2. PG: de.
4 Ms: poteaux; PG: [Le texte suivant est dénommé:] *Récit.*
5 Ms: on y lit, on y lit
6 Ms: Curiosités punies.
7 D1, D2, PG, B: horreur

Quelle barbarie!	Quelle barbarie![1]
Ah! quel sort	Ah! quel sort
Le barbare	Le barbare
Me prépare!	Te prépare!
C'est la mort.	C'est la mort.
Dans mon cœur	Barbarie
La frayeur…	
Je me meurs…	
Que d'horreurs!	Inouïe.
Ah! quel sort	Ah! quel sort
Le barbare	Le barbare
Me prépare!	Te prépare!
Oui, c'est la mort.	Oui, c'est la mort.[2]

ISAURE.

Fuyons, Vergi, fuyons.

VERGI.

Madame, c'est en vain, pour sortir de ces lieux il n'est aucun moyen.[3] Si j'avais des armes je me frayerais[4] un passage, ou je mourrais à vos yeux.

ISAURE. (*montre de la frayeur en regardant le cabinet.*)[5]

Fermez, Vergi, fermez cette porte; ôtons la connaissance de ce que j'ai vu:[6] ah! fermez-la bien.

VERGI. (*fermant la porte.*)

O ciel! la clef s'est brisée!

ISAURE.

Brisée![7] que devenir! Quelqu'un vient; si c'était lui? c'est Osman.[8]

---

1 B: [*Ajoute, à la reprise:*] 'Barbarie | Inouïe'

2 Ms: [*La reprise de l'air sous forme de duo est absente.*]

3 Ms: Madame, il est impossible de sortir de cette forteresse,

4 Ms: ferais

5 Ms: [*La didascalie manque*]; D1, D2, PG: (*Elle montre de la frayeur en regardant la porte du cabinet.*)

6 Ms, D1, D2, PG: de ce que j'ai fait

7 Ms: 'S'est brisée, ciel!'

8 Ms: [*Ajoute, à cet endroit:*] VERGY: Arrêtez, écoutez.

SCÈNE X.

ISAURE, VERGI, OSMAN.

ISAURE.

Osman, mon cher Osman, je me jette à vos pieds.

OSMAN.

À mes pieds, Madame?

VERGI.

Osman,[1] faites-nous à l'instant sortir du[2] château.

OSMAN.

Cela est impossible, ces portes ne[3] sont jamais ouvertes quand sire Raoul est absent.

ISAURE.

Ah! ciel!

OSMAN.

Eh! mesdames, pour quelle raison désirez-vous sortir de ces lieux?[4]

ISAURE.

Ce cabinet…

OSMAN.

O ciel! vous avez ouvert cette porte, votre trépas est certain.[5]

ISAURE.[6]

Osman, Osman, je vous implore.

VERGI.

Secourez-nous, et votre fortune est faite.

ISAURE.

Vous me voyez suppliante.

---

1 Ms: <Ofman,>
2 Ms, D1, D2, PG: de ce
3 Ms: les portes n'en
4 Ms: Ah! madame me permettez-vous de vous demander.
5 Ms: <votre trépas est certain>
6 Ms: [*Il manque le passage entre* ISAURE: 'Osman, Osman'; *et* OSMAN: 'Je ne peux sauver aucune de vous deux'.]

OSMAN.

Que vous m'attendrissez l'une et l'autre! mais il m'est impossible de vous faire sortir.

VERGI.

Eh bien! sauvez Madame, et laissez-moi ici.

OSMAN.

Je ne peux sauver aucune de vous deux.

ISAURE.

Et ne puis-je faire avertir mes frères?

OSMAN.

Et comment? cela me paraît impossible.[1]

ISAURE.

Ah! mon cher Osman, je suis au désespoir.[2]

OSMAN.

Grand Dieu! qu'elles me touchent![3] Attendez; mais oui, je pourrais... Votre Page,[4] Madame, est de l'autre côté des fossés; en attachant à un roseau,[5] à une pierre un mot d'écrit, il pourrait le porter, mais si le soupçon le plus léger[6] tombe sur moi, ma perte est certaine.

VERGI.

Donnez[7] de quoi faire cet écrit. (*Osman ouvre un tiroir de la table.*)[8]

ISAURE.

C'est moi qui vous ai plongé dans cet horrible[9] danger.

VERGI.

C'est un bonheur pour moi, je le partage avec vous.[10]

---

1 Ms: je ne vois aucun moyen.
2 Ms: [*Remplace cette réplique par*:] VERGI: aucun moyen.
3 Ms: <Grand Dieu! qu'elles me touchent!>
4 Ms: un jeune enfant qui vous accompagne
5 Ms: <à un roseau,>
6 Ms: le moindre soupçon
7 Ms: donnez moi; D1, D2, PG: Donnez-nous
8 Ms: (*Offman va chercher de l'encre et du papier.*)
9 Ms: [*biffé*:] cette cruelle; [*ajoute en interligne*:] ce terrible
10 Ms: [*ajoute*] (*Il écrit.*)

OSMAN.

Écrivez vite.

VERGI.

Si vous aviez pu nous faire sortir, vous nous auriez[1] suivi, votre salut et le nôtre auraient été assurés.

OSMAN.

Je ne le peux pas;[2] mais voici cette fête que sire Raoul m'a ordonné de vous amener;[3] qu'aucun trouble ne paraisse sur votre visage. Tout est ici espion et[4] délateur; j'ai ordre ensuite de vous promener dans les jardins.[5]

SCÈNE XI.

ISAURE, VERGI.[6]

Des bergers et des bergères apportent, en dansant, des corbeilles pleines des plus beaux fruits, Isaure et Vergi en prennent; une bergère chante des couplets à la louange d'Isaure.[7]

UNE JARDINIÈRE.[8]

Il n'est plus de malheurs
Le ciel, à nos cœurs,[9]
D'une nouvelle fleur,
Promet la faveur.
Après des instants d'orage,[10]
Un ciel pur et sans nuage[11]
Fait oublier la[12] rigueur.
Filles de Zéphyr et de Flore
Trois fleurs ont orné ce jardin,

---

1 Ms: eussiez
2 Ms: Assurées! cela est impossible cet homme est craint et redouté de tous ceux à qui il commande, aussi aura-t'il quelque jour le sort des tyrans, il sera tué dans son propre château et le peuple tout entier applaudira à sa mort. VERGI: (*en donnant le billet qu'il vient d'écrire.*) Ah! mon cher Offman. OFFMAN: <Je ne le peux pas.>
3 Ms: <que sire Raoul m'a ordonné de vous amener>
4 Ms: <et>
5 D1, D2 [*Ajoutent la didascalie:*] (*Ofman sort.*)
6 [*Nous rétablissons les noms de personnages qui manquent à cette tête de scène dans G, comme dans PG, L, B.*]
7 Ms: [*La didascalie manque; on donne seulement la mention*]: Air. D1, D2: <*Une Bergère chante des Couplets à la louange d'Isaure*>
8 Ms: JARDINIÈRE; D1, D2: UNE BERGÈRE; B: UNE JARDINIER
9 Ms: à mon cœur
10 Ms: orages,
11 Ms: nuages
12 Ms, D1, D2, PG: sa

Mais un souffle malin
A fini leur destin.
Le Ciel nous sourit encore,
Notre Reine est la belle Isaure;
Trois fleurs n'ont brillé qu'un instant,
Un plus grand bonheur vous attend.[1]

(On danse.)[2]

VERGI. (*à voix basse.*)

Ma chère Isaure.

ISAURE.

Vergi.

(On exécute un morceau moitié danse, moitié pantomime;[3] *le ballet forme des groupes et des tableaux autour d'Isaure et de Vergi. Pendant cette danse, Osman arrive sur la scène et après avoir regardé si la danse ne l'observe pas, il fait signe à Isaure et*[4] *Vergi qu'il a jeté le billet.)*

Fin du second Acte.

---

1 Ms: [*L'acte II se termine à cet endroit.*]

2 D1, D2: <(*On danse*)>; PG: *La Danse*

3 PG: (*Le morceau précédent doit être exécuté moitié danse, moitié pantomime*); D1, D2: (*Le morceau ci-dessus doit être exécuté moitié danse, moitié pantomime.*)

4 D1, D2: *et à*

ACTE III.

SCÈNE I.

VERGI, ISAURE, OSMAN.
(*On entend le signal de la guette.*[1])

ISAURE.
Que veut dire ce signal?

OSMAN.
C'est, je crois, le retour de sire[2] Raoul que la sentinelle qui est sur le donjon, a vu de très-loin.

ISAURE.
Ah! Dieux! il va venir.

OSMAN.
Oui, c'est lui; vous pouvez le voir par la fenêtre de cette tourelle; on voit de là toute la campagne; on voit même, entre ces deux montagnes, les girouettes du château[3] de vos frères.

ISAURE.
Ah! mes frères! ah! Vergi!

VERGI.
Je vois des hommes à cheval; mais lui, je ne le distingue pas.

OSMAN.
Vous ne le voyez pas; c'est lui[4] qui est en avant, ses gentilshommes, ses écuyers, ses vassaux, le suivent à vingt pas;[5] remarquez-vous ces trois hommes qui sont près de lui, ces[6] deux qui ont des casaques[7] rouges et celui qui a une casaque bleue, ce sont les écuyers[8] dont il avait épousé les filles.

---

1 Ms: [*La didascalie manque.*]; PG: [*ajoute*] (*...le Signal est fait en faisant sonner la Campanelle, et quelques coups de Trompettes*)
2 Ms: <sire>
3 Ms: les combles de la maison
4 D1, D2, PG: celui
5 Ms: ~~tous ceux qui le craignent le suivent à ses pas~~
6 Ms: les
7 PG: casques
8 Ms: les malheureux pères

VERGI.

Le barbare! ils savent quelle a été la mort de leurs filles[1] et ils ne s'en vengent pas.

OSMAN.

Ils l'ignorent.

VERGI.

Mon cher Osman, pourriez-vous[2] me fournir une arme, quelle qu'elle soit, une épée, un sabre, un…[3]

OSMAN.

Ah! Dieux! Madame, votre mort serait certaine et la mienne aussi, car[4] rien de plus terrible que sire Raoul; il fait trembler tout le pays à dix lieues à la ronde.[5]

VERGI.

Il doit être bien haï.

OSMAN.

Ah! oui,[6] et si ses vassaux le perdaient ils feraient tous des feux de joie; mais ne lui dites pas, hélas! peut-être ne le saura-t-il que trop tôt, ne lui dites pas que j'ai fait lancer cette flèche, cet écrit.[7]

VERGI.

Vous êtes donc bien sûr que mon Page…[8]

OSMAN.

Ah! je l'ai vu ramassant le roseau,[9] en détacher l'écrit, monter à cheval et partir comme un trait; je vais au-devant de Monseigneur[10] et je vais tâcher de retarder son entrée ici.

---

1 Ms: leur mort
2 Ms: pouvez-vous
3 Ms: un sabre, un épieu
4 Ms: <et la mienne aussi, car>
5 Ms: <à dix lieues à la ronde>
6 Ms: <Ah, oui>
7 Ms: Et s'il était tué ils feraient tous des feux de joie; mais ne lui dites point que j'ai fait lancer cet écrit.
8 Ms: que cet enfant
9 Ms: la pierre
10 Ms: de Raoul

SCÈNE II.

VERGI, ISAURE.

DUO.

ISAURE.

Cher Vergi, sauvez vos jours,
Faites-moi cette grâce;
Contre le sort qui me menace,
N'employez pas[1] un vain secours.[2]

VERGI.

Qui? moi, que je vous abandonne?
Avant vous je perdrai le jour.
Sur ma tête que le ciel tonne
Ou que je perde[3] mon amour,
Si jamais je vous abandonne.

ISAURE.

C'est moi qui dois perdre le jour.
Une vanité criminelle
Envers vous me rend infidèle.
Oui, c'est ma vanité,
C'est l'amour de la parure[4]
Qui fit mon infidélité,
Et mon trépas mérité
Doit effacer cette injure.[5]

ISAURE.

Ah! mon trépas doit réparer l'injure
Que j'ai pu faire à nos amours.
Vergi…
Sauvez vos jours;

VERGI.

Non, jamais ton cœur ne fut parjure,
Tes frères seuls t'ont pu rendre parjure;
Mais ils viendront à ton secours.
Que me veux-tu?
Non:

---

1 L: point
2 Ms: [*Ces deux vers sont inversés.*]
3 Ms: Ou que j'abjure
4 L, G. B: parjure, [mais nous corrigeons selon D1, D2, ms en 'parure'.]
5 Ms: [*Ajoute à cet endroit*:] OFFMAN (*en parlant*): Voici Raoul [*suit une reprise du duo.*]

(On entend un son de trompette après lequel Osman entre et dit:[1] Voici Monseigneur. *Il sort après ces mots.)*

ISAURE.
Contre le sort qui me menace,
N'employez pas un vain secours,
Je vous demande cette grâce.

Vergi, sauvez, sauvez vos jours,
Je vous demande cette grâce.

VERGI.
Contre un tyran qui nous menace,
Le ciel nous doit un prompt secours;
Je te suivrai dans ta disgrâce.

Si je peux[2] sauver tes jours
Je te suivrai dans ta disgrâce.

SCÈNE III.

OSMAN, ISAURE, VERGI, RAOUL.

OSMAN, *entre le premier.*

Voici Monseigneur.[3]

ISAURE.

O Ciel!

VERGI, *à part.*

Le monstre! et je n'ai point d'armes.[4]

RAOUL.

Ah! Madame, avec quelle impatience j'ai passé tous les instants qui m'ont arrêté loin de vous.[5] Madame,[6] permettez-moi un moment d'entretien avec ma chère Isaure.[7] Osman, conduisez notre sœur, accompagnez-la et ne la quittez pas.

VERGI.

Où me faites-vous conduire?

RAOUL.

Dans l'appartement qui joint celui-ci et ensuite j'espère que vous ne nous priverez pas de votre présence.

---

1 Ms, D1, D2: (*Après le son de la trompette,* OFMAN *entre et dit:*) [*Dans ces éditions la didascalie se place avant le vers* 'Voici Monseigneur'.]; Ms: [*La didascalie, et la reprise du duo suivant, manquent.*] PG: 'Trompette en Mi derriere le Théâtre. après le son de la Trompette, Ofman entre et dit voici Mgr. il sort après ces mots.'

2 D1: Si je ne puis

3 Ms: Voici Mgr… ~~Raoul~~

4 Ms: [*Ces deux répliques manquent.*]

5 Ms, D1, D2: [*ajoutent*] (*à Vergi.*)

6 Ms: <Madame,>

7 Ms: permettez-moi je vous prie un moment d'entretien; D1, D2 [*ajoutent*]: (*A Ofman.*)

SCÈNE IV.

RAOUL, ISAURE.

RAOUL.

Votre sœur a le ton bien brusque. Mais, Madame, qu'avez vous?[1] vous me paraissez bien agitée.

ISAURE.

Je la[2] suis peut-être du sentiment que… m'inspire… Vous arrivez et[3] cela fait que… mon cœur éprouve… Je vous prie, Monseigneur,[4] de me dire si vous avez fait un voyage heureux.[5]

RAOUL.

Oui, je[6] n'ai senti[7] de peine que celles[8] de l'absence et d'être privé de ma charmante Isaure.

ISAURE.

Seigneur, vous êtes bien bon; j'aurais[9] bien désiré que vous ne m'eussiez pas quittée.

RAOUL.

Ah! je ne vous quitterai plus et même à présent je vous prie de me rendre…

ISAURE.

Vous m'aviez dit, en partant, que vous alliez parcourir vos domaines et sans doute…

RAOUL.

Oui, j'ai fait assembler mes gentilshommes et leurs vassaux;[10] ils arrivent et ils espèrent présenter leurs respects à leur souveraine. Hélas! vous la[11] serez un jour uniquement, puisque tous mes biens vous appartiennent après ma mort.

ISAURE.

Ah! Seigneur, pouvez-vous parler de mort!

---

1 Ms: Mais qu'avez-vous, Madame,
2 D1: le
3 Ms: <et>
4 Ms: <Monseigneur>
5 Ms: un bon voyage. (*Elle prend un visage riant avec la crainte sur les lèvres.*)
6 Ms: Oui, et je
7 Ms, D1, D2, PG: ressenti
8 Ms, D1, D2, PG, L: celle
9 Ms: et j'aurais
10 Ms: et mes amis
11 Ms: le

RAOUL.

J'avais remis[1] entre vos mains des clefs que…

ISAURE.

Je suis bien satisfaite de la fête que vous m'avez fait donner.

RAOUL.

Je suis charmé si elle vous a fait quelque plaisir, mais vous n'en recevrez plus que je n'aie le bonheur de partager votre satisfaction…

ISAURE.

Ah! Seigneur, je ne saurais trop me louer…

RAOUL.

Ainsi rendez-moi les clefs que je vous ai confiées. (*Elle hésite.*) Vous les avez sans doute?

ISAURE.

Oui, Seigneur, certainement[2] je dois les avoir.

RAOUL.

Vous plaît-il de me les rendre?

ISAURE.

Je vais les chercher.

SCÈNE V.

RAOUL, *seul.*[3]

(Pendant la ritournelle il[4] va à la porte du cabinet; il s'aperçoit qu'elle a été ouverte et revient furieux.)[5]

Perfide, tu l'as ouverte,
Oui, tu mourras.
Sois certaine de ta perte,
Sois sûre de ton trépas,[6]
Je ne veux d'elle qu'une grâce;
N'ouvrez pas ce cabinet,[7]
Elle jure, et son audace

---

1 Ms: mis
2 Ms: Oui je les ai… Certainement [*etc.*]
3 PG: <*seul*>
4 Ms: *la ritournelle de ce morceau, Raoul*
5 Ms: Air
6 Ms: Oui, j'ai juré ton trépas | Sois sûr[e] de ton trépas
7 Ms: Je ne veux d'elle qu'une grâce | Je ne demande qu'une grâce | N'ouvrez pas ce cabinet.

Y porte un œil indiscret:
Oui, ton regard indiscret,
Du destin qui te menace,
T'a révélé le secret.[1]

Je voulais te rendre heureuse,
T'offrir[2] et mes biens et mon cœur;
Ma destinée est bien affreuse,
On m'a prédit tout mon malheur.
Crains la femme trop curieuse,
Fuis le charme de la beauté:
N'est-il donc point de femme
Qui ne porte en son âme
La curiosité.
Existe-t-elle?
Où donc est-elle?
Viens, cruelle,
Je t'appelle,
Le bonheur suivra tes pas;
Mais[3] je ne la trouverai pas.

Perfide, tu l'as ouverte, etc.

(Isaure entre tenant les clefs dans sa main avec un air consterné; Raoul l'observe.)[4]

SCÈNE VI.

RAOUL, ISAURE.

RAOUL.

Madame, vous avez bien tardé.

ISAURE.

Je cherchais, j'hésitais.

RAOUL.

Donnez.

---

1 Ms: [*ajoute, à cet endroit*] Ta faute en vain me menace | Me menace du trépas | C'est toi, c'est toi qui mourras, | Perfide &c

2 Ms: Te donner

3 Ms: Non,

4 D1, D2: [*La didascalie est placée au début de la scène suivante.*]; Ms: [*Il manque la didascalie.*]

ISAURE, *donnant les clefs.*[1]

Les voici.

RAOUL.

Je n'y vois pas celle dont vous aviez juré de ne pas vous servir.

ISAURE.

La voici; un accident… quelqu'un… lorsque ma sœur…[2]

RAOUL.

Et vous avez osé faire ce que je vous avais défendu.

ISAURE.

Ah! Seigneur!

RAOUL.

Vous mourrez, vous allez subir le sort de celles que vous avez vues.

ISAURE, *se jetant à ses pieds.*

Ah! pardonnez…

RAOUL.

Non, non, nulle pitié, nulle pitié.[3]

SCÈNE VII.

RAOUL, ISAURE, VERGI, OSMAN.

VERGI *entre et relève* ISAURE.[4]

Quoi![5] Raoul! vous oseriez[6] attenter aux jours de ma sœur! hé! de quoi est-elle coupable? de votre propre faute. Vous avez cherché à exciter[7] sa curiosité par la défense de la satisfaire; hé bien, ce n'est pas elle, c'est moi qui ai pris cette clef, c'est moi qui ai ouvert cette porte,[8] c'est moi qui lui ai appris les horreurs que ce cabinet renferme. Ah! monstre!… mais non, laissez-vous toucher, soyez attendri de sa peine, et si votre barbarie s'est imposée le devoir[9] de punir un coupable, c'est moi qui le suis, faites-moi mourir.

---

1 D1, D2: <, *donnant les clés*>

2 Ms: <lorsque ma sœur…>

3 Ms: [*Les quatre dernières répliques sont remplacées par*:] ISAURE: Ah! Raoul (*elle se jette à ses pieds.*) RAOUL: Vous allez subir le sort de… Non, non nulle pitié, nulle pitié.

4 Ms: (*qui entre en renversant Offman qui a l'air de s'opposer à son passage. Il relève Isaure.*)

5 Ms: Nulle pitié? quoi [*etc.*]

6 Ms: osez

7 Ms: enflammer

8 Ms: <c'est moi qui ai ouvert cette porte,>

9 Ms: le funeste devoir

RAOUL.

Non, elle mourra seule; pour vous, Madame, dont l'audace m'étonne, je vous réserve pour un plus grand supplice; vous ne sortirez pas de ce château; son exemple et ce que vous avez vu, vous corrigera, sans doute, de toutes curiosités.[1] Pour vous, Isaure, je vous donne quelques instants pour vous disposer à la mort; et si vous voulez que je n'en accroisse pas les tourments et que je n'en redouble pas les douleurs, songez à vous rendre à ma voix, lorsque je vous dirai de descendre dans le souterrain de ce cabinet.[2] (*Raoul y entre*[3] *suivi de quatre soldats, l'épée nue.*)

SCÈNE VIII.

ISAURE, VERGI.

VERGI.

Et cet indigne vêtement et je n'ai point d'armes!

ISAURE.

Ah! Vergi, je ne regrette que vous… Si mes frères…

VERGI.

Et ils ne viennent point.[4] (*Vergi regarde par la fenêtre de la tourelle; il est monté de deux marches plus haut que le sol du théâtre.*)[5]

TRIO

<table>
<tr><th>ISAURE.</th><th>VERGI.</th><th>RAOUL (qu'on ne voit pas).[6]</th></tr>
<tr><td>Vergi, ma sœur, ne vois-tu rien venir?</td><td></td><td></td></tr>
<tr><td></td><td>Je ne vois rien que le ciel et la terre;
Je ne vois personne accourir.</td><td></td></tr>
</table>

[1] D1, D2: toute curiosité.

[2] Ms: [*remplace toute la réplique de* RAOUL *par*:] Non elle mourra seule, pour vous, dont l'audace m'étonne, vous ne sortirez pas de ce château Isaure, je vous donne quelques instants, songez à vous rendre à ma voix, quand je vous dirai de descendre dans le souterrain de ce cabinet.

[3] Ms: [*Toute la didascalie manque.*]; D1, D2: *Il entre dans le cabinet* [*etc.*].

[4] Ms: pas.

[5] Ms: [*la didascalie continue ainsi*:] (*Isaure détache lentem[en]t son chapeau le pose sur la table, détache les boucles d'oreilles et défait son collier pendant la ritournelle.*)

[6] Ms: RAOUL, *à part*

Si jeune, hélas! faut-il mourir!		Je t'attends, viens, il faut descendre.
Ah, Seigneur,[1] daignez attendre. Un instant, Je descends, C'est ma prière dernière. Vergi, ma sœur, ne vois-tu rien venir?		
	Rien que le ciel et la terre, Je ne vois personne accourir.	
		Eh bien! veux-tu descendre?
Ah! Seigneur! daignez attendre Un instant, Je descends, Vergi, ma sœur,[2] ne vois-tu rien venir?		
	Tout au pied de la montagne, J'aperçois dans la campagne, Un nuage s'élever.	
Un nuage s'élever?		
Un nuage de poussière Qui s'élève de la terre.	Un nuage de poussière Qui s'élève de la terre Et vers nous semble arriver.	
O[3] ciel! si c'étaient mes frères!		
	C'est du côté de leurs terres.	

1 Ms: [*remplace* Seigneur *par* Raoul *sur tout l'ensemble.*]
2 Ms: Ah! chère sœur!
3 Ms: Ah

		Eh bien,[1] veux-tu descendre?
Ah, Seigneur! je descends.	Quelle rage dans mes sens!	
Oui, Seigneur, je vais descendre.	Quoi, je ne puis te défendre!	
Seigneur, je descends.	Quelle rage dans mes sens!	Eh bien? T'attendrai-je encore long-temps?

SCÈNE IX

VERGI, ISAURE, RAOUL, OSMAN, SOLDATS.

VERGI.

Hé, Seigneur[2] Raoul, considérez sa beauté, sa jeunesse, sa noblesse.

ISAURE.

Seigneur,[3] laissez vous attendrir.

RAOUL.

Non: allons, qu'on la saisisse.

VERGI.

Hé bien,[4] puisque rien ne peut te toucher, monstre, apprends qui je suis. (*Il jette ses jupons qui s'ouvrent par devant et tombent tout*[5] *d'une pièce.*)[6] Je me nomme Vergi, je suis d'une noblesse égale à la tienne;[7] s'il reste dans ton âme le moindre sentiment d'honneur,[8] tu me feras donner des armes et tu viendras me combattre.

RAOUL.

Je suis loin de craindre avec toi le hasard[9] d'un combat: mais je suis maître[10] de tes jours, de tes jours que ton audace, en venant ici, t'a fait mériter de perdre; mais avant d'en disposer, tu verras son supplice, et si j'avais quelque regret de[11]

1 Ms: Par la sanbleau, [etc.]
2 Ms: <seigneur>
3 Ms: <seigneur>
4 Ms: Arrêtez, eh! bien, [*etc.*]
5 B: *tous*
6 Ms: [*La didascalie manque.*]
7 Ms: [*ajoute dans la marge*:] je suis d'une noblesse égale à la tienne
8 D1, D2: d'honnêteté,
9 D1, D2, PG: les hasards
10 Ms: le maître
11 Ms: à

sa mort, ta présence en ces lieux justifierait ce que je vais faire.[1]

(Lorsque[2] *Raoul entraîne et emporte Isaure dans le cabinet, une symphonie commence;*[3] *on entend un grand bruit, les portes tombent, Raoul dit:* À moi soldats, *ceux-ci qui retenaient Vergi avec leurs épées sur son estomac, le quittent pour suivre Raoul, Vergi court chercher Isaure qui est à la porte du cabinet;*[4] *dans cet instant trois Chevaliers, deux à capote rouge,*[5] *un en capote bleue, entrent sur la scène; Vergi qui les reconnaît pour les pères des femmes qui ont précédé Isaure, les conduit dans le cabinet, ils en sortent furieux; un d'eux jette sa capote rouge, court hors du théâtre et revient, en tenant Raoul avec lequel il se bat à outrance; il le tue sur la porte même du cabinet. On témoigne*[6] *la joie d'être délivré du monstre.)*[7]

(Les deux frères arrivent.)[8]

CHŒUR GÉNÉRAL.[9]

Vit-on jamais de tels forfaits!
Non, le jour n'éclaira jamais
Tant d'horreurs,[10] tant de forfaits.
Ce tyran exécrable,
Ce monstre abominable
Expire sous vos coups
Et sa mort nous venge tous.
Mais ce tyran abominable
Expire sous vos coups,
Et sa mort nous venge tous.

---

1 Ms: [*ajoute*] Qu'entends-je? A moi soldats; D1, D2, PG: [*ajoutent*] Allons.; PG: [*comporte en outre la note: (Voyez l'explication qui suit page 135.), ce qui renvoie au reste de la didascalie, imprimée à la suite d'un passage de musique d'orchestre.*]

2 D1, D2: *Pendant que*

3 PG: *La Symphonie precedente commence*

4 PG: [*A cet endroit, gravés en caractères très faibles, au-dessus d'une ligne pointillée:*] ~~et la porte de l'autre côté du Théâtre~~

5 PG: *à capotes rouges*; D1, D2: *en capotes rouges*

6 D1, D2, PG: *On lui témoigne*

7 Ms: [*La didascalie est remplacée par la suivante:*] (*un grand bruit derrière le théâtre, les portes du fond sont brisées les deux frères et leur troupe paraissent le sabre à la main. Raoul se met en défense en reculant dans la coulisse, ses chevaliers, ses écuyers viennent pour le recevoir on remarque parmi eux deux chevaliers à casaque rouge et un à casaque bleue. Vergi qui a arraché la hache d'Offman se jète au milieu des gens prêts à se charger. Ici un très grand morceau de musique, la douleur des pères, la reconnaissance d'Isaure et de Vergi. L'impression de leur amour, la joie des frères, l'allégresse des sujets de Raoul délivrés de sa tyrannie et de sa barbarie, L'union des deux amants.*)

8 Ms, D1, D2, PG, B: [*Il manque cette didascalie.*]

9 Ms: [*Ce chœur n'existe pas, et est remplacé par un chœur qui commence par les vers (le seul reporté sur le ms.):* Régnez sur nous &c, *chanté par* Le Peuple. *La pièce finit à cet endroit*]

10 D1, D2, PG: horreur,

(*Ils se tournent*[1] *vers la coulisse.*)
Tyran, tyran exécrable...

CHŒUR *de[s] femmes, excepté Isaure.*

Oubliez vos peines:
L'amour et ses chaînes
Ont tant de douceurs.

CHŒUR *des hommes, excepté Vergi.*

De mille tendresses
Goûtez les faveurs,
Ses tendres caresses,
Vont sécher vos pleurs.

ISAURE.	LES DEUX FRÈRES.	VERGI.
Cher amant, après tant d'alarmes,		Chere Isaure, après tant d'alarmes,
De l'amour goûtons les charmes.		De l'amour goûtons les charmes.
Oublions nos peines,		Oublions nos peines,
L'hymen et ses chaînes		L'hymen et ses chaînes
Ont tant de douceurs.		Ont tant de douceurs.
De mille tendresses	Soyez long-temps	De mille tendresses
Goûtons les douceurs;	Heureux amants	Goûtons les faveurs;
Ses tendres caresses		Ses tendres caresses
Vont sécher nos pleurs.		Vont sécher nos pleurs.
Cher amant, après tant d'alarmes,		Chere Isaure, après tant d'alarmes,
De l'amour goûtons les charmes.		De l'amour goûtons les charmes.
	TOUS.	
	Quel doux moment!	
	Qu'il est charmant!	
ISAURE ET VERGI.		LE CHŒUR.
Aimons-nous sans cesse,		Aimez-vous sans cesse,
De l'amour goûtons l'ivresse.		De l'amour goûtez l'ivresse.

[1] D1, D2: *retournent*

ISAURE ET VERGI.

Pour jamais

Le ciel nous comble de bienfaits.

Et toujours constants,

Soyons à jamais

Heureux amants.

LE CHŒUR.

Pour jamais

Le ciel vous comble de bienfaits.

Et toujours constants,

Soyez à jamais

Heureux amants.

FIN.

Annexe des variantes longues

A: Acte I, scène 3 (version du ms)

LE MARQUIS CARABAS.

Ils s'aiment vous le voyez avec tendresse.

LE MARQUIS ET LE VICOMTE.

Non, vous ne serez jamais unis.

ISAURE.

Quoi mes frères

LE M[ARQU]IS.

Non, non

LE V[ICOM]TE.

Non, non, ton cœur est promis

VERGI.

À qui?

LE M[ARQU]IS.

Raoul il a votre promesse

ISAURE.

Raoul!

VERGI.

Raoul!

LE VICOMTE.

Raoul de Carmantin
Par ses trésors, par sa richesse
L'emporte sur tous ses voisins;
Vous, vous avez dix mille francs
Tout au plus, pour toute richesse
Et vos biens, vos terres, vos champs
Sont dans la plus grande détresse.

VERGI.

Tels que vos biens; mes biens, mes Champs
Sont il est vrai dans la détresse
Mais mes exploits, mais ma tendresse

Sont certains, et j'ai sa tendresse.

ISAURE.

Mes frères il a ma promesse
Mes frères il a mes serments.

LE M[ARQU]IS.

Raoul doit la faire princesse
Il va venir et je l'attends.

ISAURE.

Mes frères il a ma promesse

LE V[ICOM]TE	VERGI.
Non Raoul a notre promesse	
Il a dans ses mains nos serments	
Je suis lié par ma promesse	De votre sœur j'ai la promesse
Il va venir et je l'attends	Liés tous deux par nos serments.

ISAURE.

Mes frères il a mes serments.

GUILLAUME TELL

Établissement du texte

Seules ont été retenues les sources du vivant de Sedaine. Ont été écartées les parties d'orchestre, la partition gravée datant d'une reprise de 1828, et les autres livrets et partitions postérieures à sa mort. La partition autographe n'a pas été conservée.

Notre édition de référence est le livret publié chez Maradan en l'An II. Nous donnons les variantes du manuscrit du livret (1790?) et de la partition gravée (sans date).[1] Nous écartons les simples variantes d'orthographe, ce qui implique, entre autres, que les variantes de noms ('Malktal' pour 'Melktal', 'Gessler' ou 'Gesler', pour 'Guesler') ne sont pas notées. On trouve cependant des variations, parfois à l'intérieur d'une même source, entre 'Mme Tell', 'Mde Tell', ou 'La femme', par exemple: en général le contexte permet de comprendre ces variations: nous intervenons dans les rares cas d'ambiguïté. Sinon, les capitales sont respectées comme elles sont données dans l'édition de référence, mais l'orthographe est modernisée. Nous respectons, sauf dans les cas d'erreur manifeste, la ponctuation de l'édition de référence (mais ne reportons pas les variantes de ponctuation d'une source à l'autre). Les variantes de mots sont nombreuses dans la partition gravée en particulier, et nous les reportons. Le livret simplifie la distribution de certaines voix dans les ensembles; comme il s'agit d'une édition du livret nous ne reportons pas le détail de la distribution des voix dans la partition, et reportons comme variantes seuls les passages où de nouvelles paroles sont employées.

Le manuscrit n'est que partiellement autographe. Il s'agit vraisemblablement, comme l'a remarqué Monique Abud, d'un des exemplaires du livret que l'auteur était tenu de fournir au jury de lecture de la Comédie-Italienne, peut-être complété ou remanié par un copiste. De nombreuses variantes existent entre l'acte I du manuscrit et le livret imprimé, mais les actes II et III n'en comportent que peu. Un grand nombre de divergences stylistiques s'observent entre le livret imprimé et la partition gravée. Très souvent, le texte du livret manuscrit est identique à celui de la partition.

Les deux scènes qui ont fait l'objet de remaniements profonds sont: la fin de l'acte I (déplacement de la mention redondante du bonnet de Guesler), et l'ajout de l'air 'Non, jamais' à l'acte II (scène 2). Dans chacun des cas, le livret et la partition s'accordent, sauf variantes stylistiques mineures. De toute évidence le manuscrit présente un état primitif du texte. S'agit-il d'un état correspondant au

---

[1] Datée de 1794 par Charlton, *Grétry and the Growth of Opéra-Comique*, p. 315.

texte de la première de 1791, auquel cas les modifications auraient probablement été apportées pour la reprise de l'an II? Ou est-ce que les modifications ont déjà été faites en 1791 en vue des premières représentations, peut-être suite aux commentaires du jury de lecture? Nous ne pouvons trancher, mais dans la mesure où les comptes-rendus de 1791 ne signalent pas la redondance que comporte le manuscrit, nous penchons pour la deuxième solution. Quant aux divergences entre le livret et la partition, il est manifeste que le fait de mettre le livret en musique a nécessité plusieurs remaniements stylistiques. Lorsque la partition et le livret divergent, en général c'est la partition qui s'accorde avec le manuscrit.

Bibliographie

Manuscrit (ms)

Guillaume Tel. [*sic*] / [filet] / Drame Tragique / en Prose, et en vers mis en musique / en trois actes / [filet] / Premier Acte / [filet] / le 16 — 9bre 1790 / [filet].[1]
ms, recto-verso, 39 ff., reliure avec plats et gardes marbrés. L'acte I occupe les ff. 1r-12v; l'acte 2 les ff. 16r-23v; l'acte 3 les ff. 26r-36r. Les autres ff. sont bl.
BNF: Ms N.A.F. 17358.

Livret (L)

GUILLAUME TELL, / DRAME EN TROIS ACTES, / EN PROSE ET EN VERS; / PAR LE CITOYEN SEDAINE, / Musique du Citoyen GRETRY. / Représenté, au mois de Mars 1791, sur le ci-devant Théâtre Italien. / [entre filet] *PRIX, 30 sols.* / A PARIS, / Chez MARADAN, Libraire, rue du Cimetière- / Saint-André-des-Arts, no. 9. / [filet] / SECONDE ANNÉE DE LA RÉPUBLIQUE FRANÇOISE.
In-8°, [viii]-41-[3] pp.: π^4 A-B^8 C^6; $4 signés; réclames par cahier. pp: π1r — faux-titre; v — [bl.]; π2r — titre; v — [bl.]; π3r-4r — Avertissement; v — Personnage[s] et Acteurs; A1r — départ du texte
[BnF: Yf-11632; 8-Yth-8180(A); 8-Yth-23286; Ars: GD-11280; ADS: 8-RF-11424; 8-RF-13773; 8-RF-15246(4)]

Partition gravée (PG)

GUILLAUME TELL. / *DRAME EN TROIS ACTES.* / en Prose et en Vers / *Par le Citoyen Sedaine / Représenté sur le Théâtre de l'Opéra Comique National. / Cy-devant Comédie Italienne au Mois de Mars 1791.* / Mis en Musique / *PAR*

[1] Cette page porte, en outre, les mentions 'M Sedaine' et 'Comedie Italienne', ainsi que la cote (annotations plus tardives).

/ *Le Citoyen* GRETRY. / Prix 36 lt. / *Les Parties se Vendent séparement 20 lt.* / ŒUVRE XXXI. / *Gravé par Huguet Musicien.* / A PARIS / *Chez l'Auteur Boulevard du Cy-devant Théâtre Italiens* [sic] *N°. 340.*
In-fol., 147 pp.
[BnM: Vm-Bob-10007 = D-5037; BL: G.278.j]

GUILLAUME TELL,
DRAME EN TROIS ACTES,
EN PROSE ET EN VERS;
PAR LE CITOYEN SEDAINE,

Musique du Citoyen GRETRY

Représenté, au mois de Mars 1791,[1] sur le ci-devant Théâtre Italien.

PRIX 30 sols

A PARIS,

Chez MARADAN, Libraire, rue du Cimetière-Saint-André-des-Arts, n°. 9.

SECONDE ANNÉE DE LA RÉPUBLIQUE FRANÇOISE.

[1] En réalité la première eut lieu le 9 avril 1791.

AVERTISSEMENT.[1]

J'avais, en 1790, fait le drame de Guillaume Tell pour être accompagné de musique, ce genre ayant pris une faveur singulière.

J'avais le plus grand desir qu'il fut représenté sur les grands théâtres des departements, tels que ceux de Bordeaux, de Lyon, de Toulon, &c. et qu'il eût le bonheur d'y alimenter le feu sacré du patriotisme; mais mille circonstances s'y sont opposées, et l'une des plus fortes est celle qu'a brisée le décret rendu par la Convention nationale, par lequel les Auteurs dramatiques ont été mis en possession de leurs propriétés, et dont voulait les priver l'avidité de quelques directeurs des grands théâtres de plusieurs départements.[2] Il est cependant aussi nécessaire d'étendre l'empire des pièces utiles à la cause commune, que de condamner au silence celles qui peuvent y nuire.[3]

Il viendra un temps, sans doute, où les anciens ouvrages qu'on ne peut voir jouer sans se prêter à des allusions indiscrètes, et peut-être dangereuses, ne feront pas plus d'effet sur les imaginations françaises, que n'en fait sur celle de notre âge viril l'aspect des joujous ou des pédantesques férules qui ont amusé ou affligé notre enfance.

Oui, le temps viendra, où lorsque l'on mettra sous nos yeux le tableau des anciens abus et de l'ancienne servitude, nous saisirons avec plaisir cet instant, pour nous applaudir d'avoir brisé des fers dont nulle puissance humaine ne peut plus à présent nous accabler.

---

1 Ms, PG: [L'avertissement *manque*].

2 La loi du 13–19 janvier 1791, mentionnée dans l'Introduction, et le 'Décret relatif aux spectacles' du 19 juillet 1791 sont les deux textes les mieux connus, tous deux favorables aux auteurs. Face aux refus des directeurs de province de s'y conformer, Antoine Quatremère de Quincy a lu au Comité d'instruction publique un nouveau rapport et projet de décret le 2 janvier 1792: *Rapport approuvé par le Comité d'instruction publique de l'Assemblée législative, sur les réclamations des directeurs de théâtre, & la propriété des auteurs dramatiques* (Paris: Lottin, 1792). Mais le 30 août 1792 la Convention vote une *Loi relative aux Conventions faites entre les auteurs dramatiques et les directeurs de spectacle*, nettement défavorable aux auteurs, car elle supprime la loi de janvier et le décret de juillet 1791. Cet avertissement a probablement été rédigé courant 1792, alors que la controverse contre les directeurs de province bat son plein.

3 Comme nous l'avons signalé dans l'Introduction, Sedaine fut l'un des membres de la 'Société des auteurs dramatiques' ressuscitée par La Harpe en 1789 à avoir le plus œuvré pour faire reconnaître les droits des auteurs par les entrepreneurs de spectacle en province, et on notera ici qu'il met en avant un amalgame entre l'utilité nationale du théâtre sous la Révolution et le patriotisme, plutôt que de parler de ses propres droits d'auteur.

HOMMAGE[1]

AUX MÂNES DE LEMIERRE,[2]

Auteur de la tragédie de GUILLAUME TELL,

Par SEDAINE, qui, vingt ans après lui, a traité le même sujet.

O Toi! qui hautement déployas sur la scène
L'étendard de la Liberté!
Toi qui sus employer la voix de Melpomène
Pour rendre à l'homme un droit trop long-temps contesté,
LEMIERRE! ô mon ami! permets que mon hommage
Te suive aux lieux marqués par la suprême loi.
Il m'est doux de penser que sur le noir rivage,
Mes vers puissent encor pénétrer jusqu'à toi.

J'ai su (tu l'as permis) ramasser sur ta trace
Des feuilles du laurier qui couronnait ton front:
Ton ami n'avait point la sacrilège audace
De croire à tes succès imprimer un affront.

Eh! qui pouvait jamais te dérober la gloire
De l'heureux choix d'un fait consacré par l'histoire?
Chantre d'un Peuple brave et du généreux Tell,
Ton nom, dans l'avenir, se présente immortel.

Tu dédaignas d'errer sur les rives du Tybre,
Pour retracer les faits d'un Peuple vraiment libre;
Des Romains occupés à défendre leurs droits,
Ou d'un trône avili précipitant les Rois.
Mais ton art plus fatal au pouvoir despotique,
Fit mieux, en nous offrant la grandeur helvétique.
Dans un tableau frappant, dans ton Poème altier,
Tu fis voir à la France un Peuple tout entier,

---

1 Ms, PG: [*ce texte manque*].

2 Le confrère de Sedaine à l'Académie française et auteur d'une tragédie sur *Guillaume Tell*, Antoine-Marin Lemierre, venait de mourir le 4 juillet 1793: étant donné que la page de titre du livret est datée de l'An II (= septembre 1793–septembre 1794), cette perte était récente.

Qui se lève, aux accents de la Liberté fière,
Qui change ses pipeaux en trompette guerrière;
Et laissant sa charrue au milieu des sillons.[1]
Court, le fer à la main, former des bataillons.
L'ennemi vient, l'attaque; il rugit et s'élance,
Et dans des flots de sang assouvit sa vengeance.

Pourquoi, Tyrans, pourquoi troubler notre repos?
Ici vint votre armée, ici gisent ses os.

ORGUEILLEUX Souverains! au sein de la mollesse,
Coulez en paix les jours que la Parque vous laisse,
Et Pasteurs d'un troupeau toujours trop grand pour vous,
Des Peuples irrités, redoutez le courroux;
Qu'aux pieds de la Raison, la Tyrannie expire.

Chefs de ceux qu'un hasard a mis sous votre empire,
Si votre seul désir est de les rendre heureux,
Étonnez l'univers en remplissant leurs vœux;
Abdiquez, abdiquez votre pouvoir suprême,
Et que le genre humain se gouverne lui-même:
Vous fîtes tous ses maux. Quelle est la Nation
Qui n'ait point à gémir de votre ambition?
C'est vous qui nous livrez aux horreurs de la guerre;
Les Prêtres et les Rois ont dépeuplé la terre.

Mais reprenons, ami, le douloureux dessein,
Qui, pour te faire hommage, a dirigé ma main.
Je voulais seulement, en déplorant ta perte,
Qu'à ton nom, qui m'est cher, ma pièce fût offerte,
Me plaindre au ciel du coup dont mon cœur a gémi,
Et dire avec orgueil: IL ÉTAIT MON AMI.

Le citoyen SEDAINE.

---

[1] Aspect novateur crucial de ce mythe depuis Lemierre, le fait de créer une œuvre aux accents républicains sans suivre le modèle romain: voir Lemierre, *Guillaume Tell*, ed. Bret-Vitoz, pp. 55–56.

PERSONNAGES.[1]		ACTEURS.
		Les Citoyens
GUILLAUME TELL,		*Philippe.*
MELKTAL père,		*Narbonne.*
MELKTAL fils,		*Elvion.*
GUILLAUME,[2]		*Carline.*
La femme TELL	Les Citoyennes	*Desforges.*
MARIE, fille de Tell,		*Rose Richard.*
GUESLER,		*Chénard.*
UN OFFICIER,		*Solier.*
UN VIEILLARD,		*Favard.*
SURLEMANN,		*Granger.*
UN VOYAGEUR		*Menier.*
SA FEMME,	Les Citoyennes	*Lescaut.*
LA PETITE FILLE,		*Chénard.*
Les SOLDATS de l'Empereur.[3]		

La scène se passe dans l'une des vallées de la Suisse.

---

[1] PG: [*ce tableau manque.*]; Ms: [*Seul les noms des personnages sont donnés:*] Guillaume Tel, MELKTAL Pere, MELKTAL fils, Mde Tell, Marie fille de Tel, Guillaume fils de Tel, Goisler, Un voyageur, Une Voyageuse, Un officier de Goisler, Un second officier, Surlemann, Paysans.

[2] Le texte de la pièce donne également LE PETIT TELL, parfois aussi LE FILS, sans doute pour éviter la confusion avec son père, alors que la liste des personnages donne GUILLAUME. Nous signalons cette disjonction sans la corriger. Le père est toujours dénommé: TELL.

[3] Les personnages de Susanne et de Gotte (qui apparaissent entre autres dans la scène I.4) ne sont pas mentionnés dans cette liste.

GUILLAUME TELL, DRAME.[1]

ACTE PREMIER.

SCÈNE PREMIÈRE.

Le théâtre représente les montagnes de la Suisse, le lever de l'aurore, un petit Pâtre, le fils de Guillaume Tell; il[2] *est vu sur la pointe d'un rocher dans le lointain, il joue sur son flutiau*[3] *le ranz des vaches de la Suisse,*[4] *et les échos paraissent répéter (*).*[5] *On voit dans les entre-deux des montagnes, des pâtres, des vaches, des moutons.*[6]

SCÈNE II

LE PETIT GUILLAUME *descend et monte sur un acacia, et de dessus une branche, il frappe au contre-vent d'une fenêtre, et il dit:*[7]

Ma sœur, ma sœur, réveille-toi, il fait grand jour.

SCÈNE III.

GUILLAUME[8] ET MARIE. (*Elle sort par la porte de la maison.*)[9]

MARIE.

Qu'est-ce donc que tu fais-là?

GUILLAUME.

Eh,[10] te voilà! je frappais à ta fenêtre pour te réveiller.

---

[1] PG, ms: <DRAME.>

[2] Ms, PG: <; *il*>

[3] PG: <*sur son flutiau*>

[4] PG: <*de la Suisse, et les échos paraissent répéter*>

[5] (*) Je l'avais indiqué ainsi au Musicien; mais cela n'est pas assez prononcé pour indiquer ce que je desirais faire sentir, qu'au lever de la toile on était dans une des vallées de la Suisse. [Note de Sedaine] [*Cette note est absente du ms et de PG.*]

[6] PG: <*des moutons*> *qui paissent*; ms: *des moutons qui passent comme les chameaux à l'opéra de la Caravanne* [*Il s'agit d'une référence à* La Caravane du Caire *de Morel de Chédeville et de Grétry, 1783.*]

[7] Ms: <*, et il dit*>; PG: [*remplace la didascalie par la suivante*] *Pendant cette fin de l'Ouverture, le Petit Tell, descend la Montagne monte sur un Arbre et de là sur une branche de la quelle il frappe au Contrevent d'une fenêtre.*

[8] PG: <GUILLAUME> Le petit Tell *passim*.

[9] Ms: (*Elle entre sur le Théâtre en sortant par la porte de la maison.*)

[10] Ms: ah

MARIE.

Bon, il y a beau temps que nous sommes dehors, nos vaches sont aux champs, Nicolas les mène, et ma mère est avec ses servantes.[1]

GUILLAUME.

Et mon père?

MARIE, *tout en parlant, tricote un bas de laine.*[2]

Je ne sais ce qu'il fait. Ah![3] Nicolas avait mis hier[4] le soc de la charrue sur son arc, et il est après à le redresser.

GUILLAUME.

Ma sœur!

MARIE.

Eh bien?

GUILLAUME.

C'est donc aujourd'hui ton mariage avec Melktal? (*Au mot de Melktal, Marie met son bas dans la poche de son tablier.*)[5] Tiens, je ne m'en consolerais pas, si tu ne demeurais pas[6] tout[7] près de nous.

MARIE.

Et moi aussi: quoique j'aime bien Melktal, cela m'aurait fait bien de la peine, si j'avais été obligée de quitter et mon père, et ma mère, et mon frère.

GUILLAUME *l'embrasse.*

Ma sœur, tes enfants seront mes neveux.

MARIE.

Sans doute.

GUILLAUME.

Oui, mes neveux.

MARIE.

Ou tes nièces?

---

1 Ms: sa servante à faire ranger; PG: ses servantes à faire ranger
2 PG: [*la didascalie manque.*]
3 Ms, PG: <Ah!>
4 PG: avait hier poussé
5 Ms: [*porte cette didascalie en note, dans la marge*]; PG: [*la didascalie manque.*].
6 Ms: <pas>
7 PG: touj[ou]rs

GUILLAUME.

Ah, des nièces! Donne-moi d'abord un petit neveu, je t'en prie.

MARIE.

Est-ce que cela dépend de moi?

GUILLAUME.

Eh bien! j'en parlerai à ton mari.

MARIE.

Ne lui dis pas cela, ce serait une bêtise.

GUILLAUME.

Pourquoi donc?[1]

MARIE.

Pourquoi? pourquoi? Qu'est-ce que cela te fait? pensons plutôt à notre bonheur.

GUILLAUME.

Oui, ma sœur, tu as raison.

MARIE & GUILLAUME.[2]

Ah! nous serons, nous serons bien heureux;
Tout en ce jour remplit nos vœux.
Je vivrai près de ma mère,
De mon père et de mon frère.

GUILLAUME.

De ma sœur, de mes neveux,
Ma famille m'est si chère!
Oui, tous deux,
Tous deux
Pres d'eux.

MELKTAL [FILS] *arrive.*[3]

Au premier rayon qui m'éclaire,
Je dis en chassant le sommeil,
Rien n'est beau comme le soleil,
Si ce n'est ma bergère.

Ah, te voilà?

---

1 Ms, PG: <donc>

2 Ms: DUO. / MARIE & GUILLAUME.

3 L donne: MELKTAL, mais il s'agit de MELKTAL FILS au long de l'acte I.

MARIE.[1]

Oui, me voilà.[2] Melktal, est-ce que le soleil se lève plus tard chez toi qu'ici? Il y a près d'une heure que…

MELKTAL.

Ah![3] ne gronde pas, c'est mon père qui m'a retardé: tu sais qu'il est le chef et le magistrat[4] du canton,[5] et monseigneur Guesler le commandant de l'Empereur l'a envoyé chercher pour les impositions; et comme il ne sait pas le temps qu'il sera près de lui, il m'a toujours envoyé devant, en me disant: tu t'impatientes, tu t'impatientes; et de fait je m'impatientais tant, que je ne savais que devenir. Vas-t-en, m'a-t-il dit, dis-leur que l'on[6] commence toujours la cérémonie, je vous rejoindrai à l'église.

MARIE.

Qu'est-ce que tu as dans ce papier?

MELKTAL.

C'est la couronne, la couronne[7] de la mariée; je veux moi-même…

MARIE.

Non, c'est à ma mère à l'attacher.

MELKTAL.

Pourquoi pas moi?

MARIE.

Tu la détacheras.[8]

MELKTAL.

Ah, Marie!

MARIE.

Ah, Melktal![9]

---

[1] Ms: MARIE *va écouter si elle entend du bruit dans la maison et revient.*
[2] Ms: <Oui, me voilà.>; PG: Bonjour,
[3] PG: <Ah !>
[4] PG: <et le magistrat>
[5] PG: du village,
[6] Ms: <tant, que ne savais que devenir.> Vas dire (a-t-il repris) que l'on; PG: <tant, que je ne savais que devenir. Vas-t-en, m'a-t-il dit, dis-leur que l'on> dis que l'on.
[7] Ms: C'est ta couronne, la couronne
[8] Ms: tu la détacheras… voilà ma mère
[9] Ms, PG: [*ces deux répliques manquent.*]

TRIO.

MARIE, MELKTAL & GUILLAUME.

Tout en ce jour comble nos vœux:
Ah! nous serons, nous serons tous heureux, &c.

GUILLAUME.

Voilà ma mère: les voilà tous.[1]

SCÈNE IV.[2]

GUILLAUME, MARIE, MELKTAL, LA FEMME TELL; *elle tient une nappe, ensuite* SUSANNE et GOTTE.[3]

MME TELL.

Susanne et Gotte,[4] venez ici.

GOTTE.

Eh bien, que voulez-vous?

MME TELL.

Apportez ici la table, c'est ici que mon mari veut qu'on déjeune.[5]

GUILLAUME.[6]

Bonjour ma mère, bonjour ma mère, bonjour ma mère.

MME TELL,[7] *se laissant embrasser.*

C'est bon, c'est bon, c'est bon; laisse-moi, laisse-moi en repos. (*Une servante apporte un tréteau,*[8] *Marie y veut*[9] *mettre la main.*) Non, reste-là, je ne veux pas que tu y touches, tu peux te salir, reste avec Melktal. (*Melktal range le tréteau, et aide à mettre la table.*)[10]

MARIE.

Melktal,[11] voilà mon père.

---

[1] Ms: [*la reprise du trio et la réplique suivante manquent.*]; PG: [*la réplique manque.*]

[2] Ms, PG: SCÈNE V. [*À partir de ce point, la numérotation des scènes dans* Ms *et* PG *est décalée, jusqu'à la fin de l'acte.*]

[3] Ms: SUSANNE et GOTH viennent ensuite

[4] Ms, PG: Suzanne, Goth,

[5] Ms: [*ajoute*] (*elle ôte à Marie son bas*) Tu ne dois pas travailler aujourd'hui bonjour MELKTAL.

[6] Ms: [*ajoute*] (*accourant de loin*); PG: LE PETIT, *de très-loin.*

[7] Ms: LA MÈRE

[8] Ms: *apporte un tréteau pour poser la table,*

[9] PG: *veut y*

[10] Ms: [*cette didascalie manque.*]

[11] Ms: ah Melktal; PG: Melktal, ah!

SCÈNE V.

LES MÊMES,[1] GUILLAUME TELL, *son arc à la main.*[2]

MELKTAL.[3]

Ah! bonjour Tell.

TELL.

Bonjour mon fils, bonjour Melktal.

LE PETIT TELL.[4]

Bonjour mon père.

TELL.[5]

Bonjour mon père! Comment est-ce que tu n'as pas vu hier au soir que Nicolas a poussé la charrue sur mon arc?

GUILLAUME.

Je n'y étais pas, moi, je ne l'ai pas vu, j'étais couché.[6] (*Cependant on apporte des*[7] *jambons et des cruches de vin, des pains ronds de douze livres.*)

GUILLAUME *prend l'arc, et*[8] *l'examine.*[9]

Bon, votre arc, il est redressé; il n'y paraît pas.

SCÈNE VI.

TELL *sort, rentre, et prenant les mains de la femme de* MELKTAL *et de* MARIE:[10]

TELL.

On ne peut de trop bonne heure
Commencer ses plus beaux jours,
Et créer une demeure
Qui renferme nos amours.
Oui, c'est au printemps de l'âge
Qu'il faut, qu'il faut se fixer;
L'amour a tant de courage

---

1 Ms, PG: [*ajoutent*] et
2 Ms, PG: *il a son arc* [*etc.*]
3 PG: MELKTAL, *fils*
4 Ms: GUILLAUME; PG: LE JEUNE TELL
5 PG: [*ajoute*] (*le contrefaisant*)
6 Ms: <j'étais couché>
7 Ms, PG: des plats de gros
8 PG: <et>
9 Ms: (*après avoir considéré l'arc*)
10 PG: [*la didascalie manque.*]

Qu'il ne sait pas se lasser,
Et le temps
Dans l'automne de nos ans
Donne encor des jours charmants,

LA FEMME TELL.

J'étais presqu'en mon enfance,
Lorsque Tell fut mon mari;
C'est dans son adolescence
Qu'à mon cœur il fut uni;
Aussi nous sommes d'un âge
À partager vos plaisirs,
Mêmes travaux du ménage
Vont remplir tous nos loisirs;
Avec nous,
Mêmes jeux et mêmes goûts
Uniront les deux époux.

GUILLAUME *à sa sœur.*[1]

Ah! quand viendra donc cet âge
Où je te dirai: ma sœur,
Viens vite à mon mariage,
Il promet tant de douceur![2]
Pour commencer mon ménage
Avec ma femme je veux,
Je veux pour premier ouvrage
Avoir d'abord des neveux.[3]
Nous irons
Ensemble dans ces vallons
Promener tous nos garçons.[4]

SCÈNE VII.[5]

LES MÊMES,[6] *un* VOYAGEUR & SA FEMME. *Le mari a un havresac,*[7] UN ENFANT

1 Ms: [*la didascalie manque.*]
2 Ms, PG: bonheur
3 Ms: Te donner bien des neveux; PG: Te donner des gros neveux
4 Ms: [*reprise, sous forme d'ensemble, des 4 premiers vers, où* créer *est remplacé par* former]. (Air critiqué par le *Journal des spectacles*, 16 Frimaire An II, pp. 1246–47, qui signala de nombreuses chevilles et d'inconséquences.)
5 L: [*donne, par inadvertence*: SCÈNE VI, *faisant ainsi basculer la numérotation des scènes jusqu'à la fin de l'acte, que nous corrigeons systématiquement*]; Ms, PG: SCÈNE VIII.
6 PG: <*Les mêmes,*>
7 Ms, PG: *une Valise sur le dos*

de cinq[1] *ans qu'il tient par la main; et la femme*[2] UN ENFANT *de trois ans:*[3] *elle a à sa main le chapeau de son mari.*[4]

MME TELL.

Ah, mon dieu! voilà de bonnes gens qui ont bien chaud.

TELL.

Mes amis, vous devriez vous reposer ici, et boire un coup avec nous, cela ne vous fera pas de mal.

LE VOYAGEUR, *à sa femme.*

Femme, veux-tu?

LA FEMME.

Ah! oui, profitons de ce qu'on veut bien nous offrir.

LA PETITE.

Ah, papa! je suis bien lasse.

LE VOYAGEUR.

Lasse? et je t'ai toujours portée, et je ne fais que de te mettre à terre.

LA PETITE.

Ah! ça ne fait rien, je suis lasse; ah! je suis lasse comme tout.[5]

TELL.

Mettez-vous là, mes amis.[6]

MME TELL.

Voilà deux beaux enfants. Quel âge a-t-elle?[7]

LA FEMME.

Quatre ans viennent la Saint-Martin.[8] (*Mme Tell va chercher un gâteau, etc.*)[9]

LA PETITE.[10]

En vous remerciant, ma bonne dame.

---

1 Ms: 6; PG: *quatre*
2 Ms: *et la femme porte sur son dos*
3 Ms: *un enfant de deux ans*; PG: *la femme un enfant*
4 PG: *elle a le chapeau de son mari à la main.*
5 Ms: [*les trois dernières répliques manquent.*]
6 Ms: <, mes amis>
7 Ms, PG: il
8 Ms: il a 22 mois; PG: Dix huit mois | Mme TELL: Il est bien fort pour son âge.
9 Ms: *M Tel va lui chercher un Gateau*
10 PG: puis LE PETIT

LA FEMME.

C'est bien, ma fille, mets-toi ici.[1]

TELL.

Venez-vous de loin, comme cela?

LE VOYAGEUR.

Nous venons de cinq lieues d'ici, du côté de Zurich.

TELL.

Il y a loin: et la campagne est-elle belle de ce côté là?[2]

LE VOYAGEUR.

Ah! magnifique. Il semble que plus les hommes sont méchants, et plus le ciel est bon.

TELL.

Dieu merci, autour de nous, nous ne connaissons pas de méchants.[3]

LE VOYAGEUR.

Vous êtes donc bien heureux[4] vous autres, d'être tranquilles: dans toutes les vallées où nous avons passés,[5] tous les habitants sont pis que des désespérés; ils ne savent plus où ils en sont, on leur a fait une ordonnance indigne;[6] les troupes de l'Empereur sont arrivées,[7] il n'y a point de rage qu'ils ne fassent:[8] le commandant a fait brûler les yeux à un habitant, et il a commandé des impôts que cela ne finit pas.

TELL, *lui donnant à boire.*

Buvez,[9] buvez, ne l'épargnez pas; vous[10] avez du chemin à faire. (*Pendant ce temps, Mme Tell remplit la gourde.*)[11]

---

1 Ms: [*ces deux répliques manquent*]; PG: [*la didascalie manque.*]
2 Ms: <et la campagne est-elle belle de ce côté là?>
3 Ms: [*ces deux répliques manquent.*]
4 Ms: Vous êtes bien heureux ici
5 Ms, PG: passé
6 Ms: <on leur a fait une ordonnance indigne>
7 PG: arrivé
8 Ms: [*Ajoute*:] ils s'emparent des logements avec une barbarie inouïe si on dit un mot ils frappent, ils battent,
9 PG: Ah tant pis, buvez, [*etc.*]
10 Ms, PG: si vous
11 Ms, PG: (*Pendant ce temps, Mme Tell a vu une gourde au bout du baton du mari elle la remplit de Vin.*)

LE VOYAGEUR.[1]

Ah! ma foi, mes amis, vous êtes trop bons.[2]

TELL.

Et où allez-vous comme cela?

LE VOYAGEUR.

Nous nous sauvons d'Espansel où les exacteurs nous désolent, et nous allons du côté de Genève.

LA FEMME, *à M. TELL.*[3]

Ma bonne amie, en vous remerciant bien.

MME TELL.

Quoi! vous partez si-tôt?[4]

LA FEMME.

Nous sommes pressés d'arriver.[5]

LA PETITE.

Ah, papa! papa!

LE VOYAGEUR.

Eh bien, qu'est-ce que tu veux?

LA PETITE.

Ah! chante-nous, chante-nous ta chanson d'à[6] tous les soirs.

LE VOYAGEUR.

Tu prends bien ton temps.

LA FEMME.

Entendez-vous, Madame? Voyez, la petite rusée, pour faire rester son père ici plus long-temps.

MME TELL.

Elle a raison.

---

1 Ms: [*ajoute*] (*qui s'en aperçoit*)

2 Ms, PG: vous êtes trop bons, vous êtes trop bons.

3 Ms: (*à Me Tel*)

4 Ms: si vite

5 Ms: [*le passage suivant manque, jusqu'à la fin de la scène VI[I]. La réplique suivante, sans changement de scène, y est*]: GUILLAUME: Mon père entendez vous Noisette ce sont les filles du village voisin.

6 PG: de

TELL.

Allons, restez: dites-lui votre chanson; vous en boirez un coup de plus.

LA PETITE.

Chante, papa; chante, chante.

TELL.

Allons, allons; restez, mon frère: un quart-d'heure n'est pas votre maître.

LE VOYAGEUR.

Ah! c'est que c'est une bétise: c'est[1] une chanson que je leur chante tous les soirs, après la prière, pour les endormir.

TELL.

Eh bien, chantez-la, Melktal, et toi, ma fille, venez ici, venez apprendre comme on endort les enfants les soirs.[2]

LE VOYAGEUR.

Est-ce qu'ils sont nouveaux mariés?

TELL.

Non; mais ils vont l'être aujourd'hui.

LE VOYAGEUR, *se levant, ainsi que sa femme.*[3]

Ah! nous vous souhaitons toute sorte[4] de bonheur!

LA FEMME.

Ah! oui, toute sorte[5] de bonheur!

LA PETITE.

Ah,[6] papa! chante donc, chante donc!

LE VOYAGEUR *met*[7] *les deux enfants sur ses genoux.*[8]

Bonjour, ma voisine.
Bonjour, mon voisin.
Je n'ai pas[9] de pain;
Mais j'ai de la farine.

---

1 PG: <c'est>
2 PG: le soir.
3 PG: *se lève ainsi que sa femme et font une révérence.*
4 PG: toutes sortes
5 PG: toutes sortes
6 PG: <Ah,>
7 PG: LE VOYAGEUR *pendant la Ritournelle prend* [*etc.*]
8 PG: [*le passage suivant dénommé:*] Chanson
9 PG: <pas>

Eh bien! voisin,
Fais-toi du pain.[1]

Qui perd son temps
En courant
Dans les champs,[2]
À la fin,
Meurt de faim.[3]

Voisine, j'ai hâte,
Mets-toi vite en train,
Mets vite la main,
La main à la pâte.[4]

C'est bien, voisin;
Voisin, c'est bien.
Qui perd son temps
En courant
Dans les champs,
À la fin,
Meurt de faim.[5]

Mais la pâte lève;
Le four est-il chaud?
Il l'est dès tantôt.
V'la qu'mon pain s'achève.[6]

Eh bien, voisin!
Voilà d'bon pain.
Qui perd son temps
En courant, &c.

Tu dors,[7] je crois?

LA PETITE.[8]

Non, papa, je ne dors pas.

---

1 PG: [*ajoute*] (*pendant le point d'orgue il fait sauter quatre fois les enfants.*)
2 PG: le champ
3 PG: [*ajoute*] CHŒUR: Qui perd son temps, [*etc.*]
4 PG: [*ajoute*] *bis en chœur*
5 PG: [*ajoute*] *bis le refrain en chœur.*
6 PG: [*ajoute*] *bis le chœur.*
7 PG: Tu t'endors,
8 PG: LE PETIT.

LE VOYAGEUR.

Allons, allons, partons. En vous remerciant bien tous. Tiens, femme, vois donc comme cela fait un[1] beau couple. Ah! que ne passez-vous par[2] chez nous?

TELL *et sa femme.*

Adieu, bonnes gens; bon voyage, portez-vous bien.

SCÈNE VIII.[3]

Les mêmes, hors les Voyageurs.
(*Lorsqu'ils seront prêts à partir, on entend un flûtiau et un tambourin, &c.*)[4]

GUILLAUME.[5]

Mon père, entendez-vous, noisette? Ce sont les filles du village voisin.

TELL.[6]

Qu'est-ce que tu veux dire, avec ta noisette? Melktal, ton père tarde bien?

MELKTAL.

Il a dit qu'il nous joindrait à l'église. Oh! il a bien dit son grand juron, que le mariage serait certainement fait aujourd'hui.

TELL.

J'en suis d'accord.

GUILLAUME *chante, et le village qui arrive se joint à lui, et tous chantent.*[7]

Noisette,
Noisette,
Non,[8] je ne veux point te cueillir
Sous la coudrette,
Je n'en ai pas le loisir;
Je suis encore trop jeunette
Pour atteindre à te saisir.[9]
Noisette,
Noisette,

---

1 PG: vois donc quel
2 PG: pas
3 PG: SCÈNE IX
4 PG: [*la didascalie manque.*]
5 PG: LE PETIT TELL.
6 PG: LE PÈRE.
7 PG: LE PETIT TELL *danse avec sa sœur et Melktal.*
8 PG: <Non,>
9 PG: Pour chercher à te cueillir.

Non, je ne veux point te cueillir
Sous la coudrette.[1]

SCÈNE IX.

LES MÊMES, *et* LES FILLES *et* LES GARÇONS *du village voisin. Plusieurs des filles disent à la famille de Tell et à Melktal:*[2]

Bonjour, mon cousin, ma cousine; bonjour ma tante.[3] (*Ils s'embrassent tous bien*[4] *cordialement.*)[5]

(Pendant qu'ils mangent un morceau à la table qui[6] *occcupe le fond de la scène; sur le devant, Marie se met à genoux devant sa mère, qui lui pose sur la tête une couronne de roses blanches.)*[7]

GUILLAUME.

Ma mère, pourquoi ne met-on pas aussi la même couronne aux garçons?

MME TELL.

Parce qu'ils ne la méritent pas.

GUILLAUME.

Bon, ils ne la méritent pas!

MME TELL, *à sa fille.*[8]

Puisses-tu ma fille, un jour,
Dans le sein de ta famille,
Couronner ainsi ta fille
Pour la donner à l'amour.

---

[1] PG: [*ajoute*] (*Le Village précédé des Filles arrivent sur le Théâtre et le petit Tell s'y joint et ils dansent en rond autour de la Table.*)

[2] Ms: (*Plusieurs des filles et des garçons à la famille de Tel et à Melktal.*)

[3] Ms [*ajoute*] bonjour mon oncle.

[4] Ms: <bien>

[5] Ms: [*ajoute, entre les deux didascalies, le passage suivant*] (UNE DES FILLES *à* MELKTAL): Bonjour Melktal. | MELKTAL: Bonjour Suzanne. (*à Marie*): Ah Marie je te félicite de bon cœur de bien bon cœur Quoique… quoique… | MELKTAL: Quoi donc? | LA FILLE: Melktal je ne te l'aurais jamais pardonné si ce n'était pas Marie que tu m'eusses préféré. | MELKTAL: Ah c'était Marie. | SUZANNE: Tu as bien fait tu as bien fait elle vaut mieux que moi. | MARIE: Ma cousine venez donc venez donc avec nous. | SUZANNE: Tu es jalouse. | MARIE: Ah non.

[6] Ms: *ce qui*

[7] Ms: *la couronne de la mariée*; PG: [*les didascalies et la première réplique manquent.*]

[8] Ms: (*Pendant la Ritournelle Marie se met à genoux devant sa Mère qui lui met la Couronne.*); PG: <*à sa fille*>

LE CHŒUR.

Que béni soit votre hymen,
Et que le ciel dise *amen!*[1]

Que bénis soient vos amours!
Qu'ils vous donnent de beaux[2] jours!

TELL, *à Melktal.*

Puisses-tu, Melktal, un jour,
En bon père de famille,
Accorder aussi[3] ta fille
Aux prières de l'amour!

LE CHŒUR.

Que béni soit votre hymen,
Et que le ciel dise *amen!*[4]

SCÈNE X.

LES MÊMES, *et* LES FILLES *et* LES GARÇONS *d'un autre village.*[5]

GUILLAUME.

Ah! voilà ceux-là[6] d'au-delà du mont.[7]

TELL.

Mais ton père[8] ne vient pas.

MELKTAL.

Ah! il viendra.

LES HOMMES.[9]

Le mariage est un bonheur,
Mais sur-tout pour les femmes:[10]
Gouverner l'esprit et le cœur,

---

[1] PG: [*ajoute*] CHŒUR DE FEMMES:
[2] PG: d'heureux
[3] Ms: ainsi
[4] PG: [*ajoute*] Que bénis soient vos amours | Qu'ils vous donnent d'heureux jours.
[5] PG: LES MÊMES *et* LES GARÇONS. LES FILLES, [*etc.*]
[6] PG: <-là>
[7] Ms: [*ajoute*] (*on met la mariée et le marié sur un tertre de gazon, le père et la mère aux 2 côtés*).
[8] Ms: Melktal, ton père
[9] Ms: LES HABITANTS; PG: CHŒUR.
[10] Ms: Qu'en dites-vous nos femmes?

Fait le bien de leurs[1] âmes.

LES FEMMES.[2]

Le mariage est un bonheur
Pour tous tant que nous sommes:
Il ne satisfait notre cœur,
Que quand il plaît aux hommes.[3]

TELL.

Allons, mes enfants, allons[4] à l'église. L'heure s'avance; nous trouverons ton père en route.

(Ils s'arrangent comme pour y aller. On pourrait même[5] mettre devant, un flutiau et un tambourin. Ils partent en dansant; alors arrive Surlemann.)[6]

SCÈNE XI.

LES MÊMES, UN HOMME. SURLEMANN *paraît d'un air effrayé; il fait*[7] *un signe à Mme Tell de venir lui parler; elle y va. Sur un des côtés du théâtre, cet homme fait avec passion*[8] *un récit tout bas; Mme Tell, pendant le récit, a l'air de prendre de l'effroi, et dit souvent:*[9]

Ah, dieux! ah, ciel! ha, malheur![10] (*Cela a l'air d'inquiéter tous ceux qui sont là.*)[11] [12]

MME TELL, *à cet homme.*

On ne peut[13] cacher cela; il faut que tout le monde le sache. Ah! mon fils Melktal, que je te plains!

---

1 Ms: vos

2 Ms: [*il manque cette mention.*]

3 Ms: [*ajoute, à cet endroit, le passage suivant*] (*On danse.*) Venez bergers. (*en présentant deux tourtereaux*): Imitez la tourterelle | Imitez le tourtereau | Ce couple toujours fidèle | s'aime au delà du tombeau. | Que votre été se couronne | D'un feuillage toujours vert | Préparez pendant l'automne | Les destins de votre hiver | Que l'on cite d'âge en âge | A votre postérité | Vos vertus votre courage | Et votre félicité | Imitez la tourterelle [*etc.*].

4 Ms: <, mes enfants, allons>

5 Ms: <*même*>

6 Ms: <*Ils partent en dansant, alors arrive Surlemann.*>; PG: [*la didascalie manque.*]

7 Ms: *un homme d'un air effrayé fait* [*etc.*]

8 Ms: <*avec passion*>

9 PG: (*Pendant l'air suivant arrive* SURLEMANN *d'un air effrayé; il fait signe à Mme Tell de venir lui parler; elle y va. Sur un des côtés du théâtre, il fait un récit tout bas; Mme Tell, pendant le récit, a l'air de prendre de l'effroi, et dit souvent:*)

10 PG: <ha, malheur!>

11 Ms, PG: *tout ce qui est là, suivant le degré d'intérêt qu'ils peuvent prendre.*

12 PG: [*ajoute*] *Avant ce petit air [tambourin], Tell dira*: Allons Melktal nous trouverons ton Père en route.

13 Ms, PG: On ne peut pas

MELKTAL.

Quoi donc?

TELL.

Qu'est-ce que c'est?

MME TELL.

Dites.

TELL.

Parle.

SURLEMANN.[1]

Vous saurez[2] tous[3] que le Gouverneur Guesler est dans ces cantons.

TELL et MELKTAL.

Oui, oui. Eh[4] bien, après?

SURLEMANN.

Comme ton père[5] est le chef du canton, le Gouverneur[6] l'a envoyé chercher pour les impositions: quoique exorbitantes, tout le monde est convenu de les payer. Ton père, cependant, a fait avec respect, à M.[7] Guesler, quelques représentations. Comment, vieux coquin, a-t-il dit, tu oses me parler?[8] Le peuple, à ces mots, a fait un petit murmure. Il s'est tourné vers eux, et a dit: Vous osez murmurer! vous êtes tous des insolents, et je veux vous apprendre ce que vous devez de respect[9] à un homme qui représente l'Empereur. Qu'on pose mon bonnet sur une pique, et que tout être vivant n'ose passer devant lui[10] sans le saluer. À ces mots, le vieux Melktal a dit: Quoi! sire Guesler, vous nous obligeriez de nous soumettre[11] à une pareille chose? Ah! je prie Dieu de ne jamais voir une telle infamie![12] Tu as raison, a repris Guesler, tu auras ce que tu désires, tu ne la verras pas. Et à l'instant il lui a fait brûler les yeux avec un fer chaud.

---

1 Ms, [*passim*]: GROSMANN.
2 Ms, PG: savez
3 Ms: <tous>
4 PG: <Eh>
5 Ms: [*un mot biffé, illisible, à cet endroit.*]
6 Ms, PG: il
7 Ms: Mgr; PG: <M.>
8 Ms: <tu oses me parler?>
9 PG: <de respect>
10 Ms, PG: <lui>
11 Ms: <de nous soumettre>
12 Ms: Quoi! sire Guesler, vous nous obligerez à une pareille chose non je ne verrai jamais une pareille infamie; PG: Quoi! sire Guesler, vous nous obligerez ... non je ne verrai jamais une pareille infamie.

TELL.	MELKTAL.	MARIE.	MME TELL, ET TOUS.
Dieux!	Mon père!	Son père!	Melktal! Ah, ciel!

SURLEMANN.

Alors ton père.

MELKTAL.

Eh bien?

SURLEMANN.

Ton père, ensuite, s'est reposé sur une pierre; j'ai couru après[1] lui, il m'a dit: Surlemann, cours chez Tell, dis-leur mon malheur; mais qu'il ne retarde pas le bonheur de nos enfants; que leur mariage soit fait aujourd'hui: j'ai juré qu'il se ferait en ce jour. Je n'avais garde de m'attendre à ce qui m'arrive: n'importe; que leur[2] mariage[3] se fasse, je le veux, si Tell ne s'y oppose pas.

TELL.	MME TELL.	MELKTAL.	MARIE.
Le scélérat, ô barbarie!	Grand Dieu! [4] quelle barbarie!	Mon père! ciel, ô barbarie!	O! malheur O barbarie!
Quoi, ce vieillard vertueux!	Quoi, ce vieillard vertueux,	J'entends sa voix qui me crie,	Je veux aller avec toi;
Il lui fait brûler les yeux,	À l'instant que l'on marie	Venge-moi, mon fils, venge-moi.	Mon ami, soyez prudent.
Et ce monstre est encore en vie!	Son fils, ma fille, ah, grands dieux!	Reste ici, Reste, Marie,	Ah! mon père! ô ciel! mon père,
Donne-moi mon arc et viens avec moi.	J'en suis tremblante d'effroi.[5]	Et ne viens pas avec moi.	Que votre cœur trop ardent
Oui, oui, je serai prudent.	Mon ami, soyez prudent,	Vas, vas, je serai prudent,	N'écoute pas la colère;
Ah! c'est là qu'est ma colère.	Songez que vous êtes père;	Malgré toute ma colère.	Ne soyez pas téméraire;
Oui, oui, je serai prudent.	Craignez que votre colère	Vas, vas, je serai prudent.	Mon ami, soyez prudent.

1 Ms, PG: à

2 Ms: le

3 PG: <soit fait aujourd'hui: j'ai juré qu'il se ferait en ce jour. Je n'avais garde de m'attendre à ce qui m'arrive: n'importe; que leur mariage>

4 Ms: Grands Dieux

5 Ms: [*ce vers manque*.]

Que n'est-il là ce Guesler!	Ne vous rende téméraire.		
Ah! c'est-la qu'est ma colère…	Évitez tout accident,		
Oui, oui, je serai prudent.	Ah, fuyez tout accident.		

LE CHŒUR *dit (à partè:)*[1]

À ce vieillard vertueux
Il a fait crever les yeux;
Grands dieux! quelle barbarie!
Que chacun d'eux soit prudent,
Et ne soit point téméraire;
Guesler est si sanguinaire!
Qu'ils redoutent sa colère,
Que chacun d'eux soit prudent.[2]

SCÈNE XII

Tell, son fils, et Melktal partent.[3] *La femme de*[4] *Tell ôte à sa fille la couronne qu'elle a sur la tête. Les paysans et paysannes sont supposées lui dire tristement:*[5] Adieu, Marie; adieu, Mme Tell.

(Les servantes emportent les chaises.)[6]

(On entend du[7] *bruit derrière la scène: c'est un soldat qui poursuit une fille qui est échevelée. Elle vient se jeter dans les bras de Mme Tell; le soldat veut l'en arracher.)*

---

1 Ms: Le peuple (*à part*)

2 PG: [*Voir annexe des variantes longues, A pour les paroles du quatuor tel qu'il est donné dans la PG, qui par ailleurs donne une meilleure compréhension de la distribution des paroles, de l'ordre des voix, et de l'intégration du chœur. Ensuite la PG continue avec les didascalies, mais sans la mention d'une Scène XII.*]

3 Ms: *partent avec Grosmann.*

4 PG: *<Tell, son fils, et Melktal partent. La femme de> Mme.*

5 Ms: *viennent tristement lui dire adieu.*

6 Ms: *emportent la cage du tourtereau et la portent dans la maison.*

7 Ms: *un*

(*Mme Tell prend un couteau qui est resté*[1] *sur la table, et l'en menace. Le soldat recule:*[2] *il prend sur la table un pain et une bouteille et s'enfuit.*)[3]

FIN DU PREMIER ACTE.[4]

[1] Ms: <*qui est resté*>

[2] Ms: [*ajoute, à cet endroit, le passage suivant*] *alors s'avançant en ordre des soldats, un héraut d'armes avance accompagné de trompettes et d'un tambour ils ont ramené devant eux, les paysans et paysannes. Le soldat qui a couru et auquel se joignent deux autres en avant boivent le vin qui est sur la table et l'un d'eux prend le jambon et le met dans son havresac. Lorsque toute la troupe est arrangée l'un d'eux dit, faites silence, alors une fanfare et un bruit du tambour.* LE HÉRAULT: C'est au nom de l'empereur | C'est au nom de l'empereur | C'est au nom de l'empereur | Et de part le Gouverneur | Que la volonté s'explique | Dans ce décret authentique. (*Un soldat arrache le bonnet à un habitant, le jète et lui donne un coup de pied*). Le couvre chef de Guesler | En plein air | Dans une place publique | Sera mis sur une pique | Aux yeux de tous en plein air | A tout homme fait défense | De passer sans saluer | Ce symbole d'importance | Qu'il nous plaît d'instituer | Celui qui sans révérence | Passera, saisi d'abord | Doit être puni de mort | Pour sa désobéissance | Car suivant notre désir | Tel est notre bon plaisir | Ainsi le veut ma clémence | Et tel est mon bon plaisir. (*Le peuple dit à part*): La Clémence! Son plaisir, son plaisir | [LE HÉRAULT]: | Allons dites avec nous TOUS: Vive, vive l'empereur | Sa bonté sa bienfaisance | Et son auguste clémence | Et Guesler le Gouverneur. (*Ils forcent tous les habitants de chanter avec eux*): LES HABITANTS: Vive, vive l'empereur, etc. | LE HÉRAULT: Allons en faire autant dans les autres villages | MARIE: Allons ma mère, sachons ce que fait mon père et où est Melktal. [Fin de l'acte].

[3] PG: [*la didascalie est la suivante*] (*Mme Tell ôte la couronne et le bouquet à sa fille, elles sont entourées des Servantes et des filles de Village conviées à la noise. Les Filles saluent et s'en vont tristement. Ici on entend les cris d'une Fille derrière le Théâtre. Un soldat poursuit cette Fille elle est échevelée elle veut se jeter dans les bras de Mme Tell qui au bruit du Soldat veut l'en arracher. Mme Tell prend un couteau sur la table et en menace le Soldat qui recule il enlève un pain qui est sur la table et s'enfuit. Mme Tell emporte cette fille dans la maison.*)

[4] PG: [*comporte, à cet endroit, un entr'acte dont la didascalie est la suivante*] (*Quatre Soldats marchent autour d'une Pique sur laquelle est posée le bonnet de Guesler plusieurs Groupes de Paysans et Paysannes qui passent sont forcés par les Soldats de Saluer ce bonnet.*) [*Il s'agit d'une musique de marche, répétée trois fois.*]

ACTE II.[1]

SCÈNE PREMIÈRE.

Le théâtre représente la place publique d'un gros bourg, désigné sur les côtés par des hangards, pour indiquer[2] un marché. Dans le fond est une pique, sur le haut de laquelle est le bonnet[3] de Guesler; des troupes armées sont aux environs, examinent[4] ceux qui passent, et les forcent d'ôter leurs bonnets. Dans le fond de la scène on voit une partie du lac, des barques à l'ancre. Le fond du théâtre représente[5] des montagnes à perte de vue.

MELKTAL FILS,[6] MARIE.

MELKTAL.[7]

Ciel! je la vois. Ah! comment le lui dire?

MARIE.

Tu es triste, Melktal?[8]

MELKTAL.

Oui, Marie, ma chère Marie![9]

MARIE.

Tu as bien raison:[10] mais puisque la barbarie de Guesler a privé ton père de la lumière du jour, quand je serai sa fille, je l'accompagnerai par-tout, je lui servirai de guide toutes les fois qu'il le voudra, et je veillerai continuellement sur lui.

MELKTAL.

Ah! ce n'est pas cela qui m'afflige à présent.[11]

MARIE.

Oui, Melktal, sois-en bien sûr,[12] je mettrai tous les soins que j'aurai de ton père

---

1 Ms: [*La page de début du second acte* ('Guillaume Tell | Drame lyrique | en prose et en vers mis | en musique') *porte la mention* 'second acte mis au net ce 22 9bre 1790'.]
2 Ms: *désigner*; PG: *recevoir*
3 PG: *le casque ou le bonnet*
4 PG: *examinant*
5 PG: <*on voit une partie du lac, des barques à l'ancre. Le fond du théâtre représente*> *sont*
6 PG: [*ajoute*] *et*
7 PG: [*ajoute*] *la tête nue*
8 PG: <, Melktal?>
9 PG: Oui, ah! Marie!
10 PG: Et tu as bien raison de l'être
11 PG: <qui m'afflige à présent>
12 PG: <sois-en bien sûr>

au rang de mes premiers devoirs. Ah! que j'aurai de plaisir à les remplir!

MELKTAL.

Ah, Marie! ce n'est pas cela qui à présent fait mon plus violent chagrin; il est un autre malheur.[1]

MARIE.

Quoi[2] donc?

MELKTAL.

Ton père…

MARIE.

Mon père!

MELKTAL.

Tu vois cette pique, cet infâme bonnet de Guesler, ce fatal instrument de la sévérité[3] la plus avilissante, cette exécration devant laquelle il n'est pas permis de passer sans courber la[4] tête.

MARIE.

Eh bien?

MELKTAL.

Il a passé sans le saluer, et il est condamné.[5]

MARIE.

Quoi, mon père?[6]

MELKTAL.

Oui.

MARIE.

À quoi?[7]

MELKTAL.

À mourir.

---

1 PG: <à présent fait mon plus violent chagrin; il est un autre malheur> m'attriste

2 PG: Qui

3 PG: servitude

4 PG: sa

5 Ms: <Il a passé sans le saluer, et>; PG: [*ajoute, à cet endroit, les répliques suivantes*] Ton père n'a pas obéi. MARIE: A quoi. MELKTAL: Il n'a pas salué ce bonnet. MARIE: Eh bien? MELKTAL: Il est condamné.

6 PG: <Quoi,>

7 PG: Condamné à quoi donc?

MARIE.

À mourir? Ah, ciel! (*Elle se trouve mal.*)[1]

MELKTAL.

Melktal sera ton père, il sera ton mari.

Melktal sera ton père, il sera ton mari.[4]

MARIE.

Ah,[2] ciel! quoi, je perdrais mon père!
Ah, dieux![3] que deviendra ma mère?
Elle mourra sans doute aussi.
Non, non, Melktal, plus de mari:[5]
Peux-tu parler de mariage,
Quand la mort est sur nos pas,
Quand tout notre parentage
Est menacé du trépas?[6]

MELKTAL.[7]
Supportons avec courage
Cette horreur et ce trépas.
Et nous, ne mourrons-nous pas?
La mort est notre partage,
Melktal sera ton père, etc.

Les voici. Ciel! fuyons.[8]

SCÈNE II.[9]

GUESLER, *suivi de ses Officiers.*[10]
Qui jamais eût pensé que cet homme exécrable[11]
Osât braver un tel décret?
Quel orgueil abominable!
Oui, cet homme avait le projet
De commettre ce forfait!

(*Il parle à sa suite.*)[12]

---

1 PG: (*Marie se trouve mal pendant la Ritournelle. À la fin de la Ritournelle elle revient à elle.*)
2 PG: Ô
3 PG: <Ah, dieux!>
4 PG: [*ajoute*] Ah! supportons ce cruel trépas. | Supportons avec courage les horreurs de ce trépas.
5 PG: [*ajoute*] Dans quel temps tiens-tu ce langage
6 PG: Quand tous les miens | attendent le trépas
7 PG: [*cette strophe manque.*]
8 PG: Voici Guesler, Ciel, fuyons.
9 Ms: SCÈNE TROISIÈME.
10 Ms: GUESLER, DEUX OFFICIERS.
11 PG: Non, qui jamais [*etc.*].
12 PG: (*Sa suite lui parle.*)

Mais quel sentiment vous presse,
De penser que c'est l'ivresse
Qui l'entraîne à ce forfait?
Et moi, j'aurais la faiblesse…
Jamais, non, jamais.[1]
Ce peuple, il faut qu'on l'opprime.
Par un seul, jugez d'eux tous.
Pardonner serait un crime;
Il tombera sous mes coups.[2]

SCÈNE III.

GUESLER, DEUX OFFICIERS.

GUESLER.[3]

Non, il mourra. Trois fois on l'a fait passer devant cette pique, et malgré mes ordres, il n'a pas donné les signes du profond respect que j'exige. Il a fait plus, à ce qu'on m'a dit; est-il vrai?

UN SOLDAT.

Oui, Seigneur.

GUESLER.

Il a frémi, grincé des dents, et élevant les mains au ciel, il a dit: Quel est l'homme assez vil pour se soumettre à une pareille humiliation? Il mourra. Qu'on aille le chercher.

UN OFFICIER.

C'est cependant bien dommage; c'est une vraie perte.

GUESLER.

Dommage! pourquoi? Quelle perte? Un homme du peuple! Quelques-uns de plus ou de moins de ces gens-là; que sont-ils en présence de la noblesse et devant des hommes comme nous?

UN OFFICIER.[4]

Quand je vous dis que c'est une perte, je crois avoir raison. Vous ignorez[5] que cet homme est le plus habile tireur d'arc, l'archer le plus adroit qui soit dans toute la Suisse: à cent pas, il n'a jamais manqué le but.

---

1 PG: [*ajoute à cet endroit*] Excuser la violence | d'un tel excès d'insolence | Jamais, non, jamais.

2 Ms: [*cet air manque, et la scène 2 commence avec* Non, il mourra.]

3 PG: [*les cinq premières répliques manquent.*]

4 PG: [*la scène commence à cet endroit.*]

5 PG: Seigneur, Vous ignorez peut-être

GUESLER.

Tant mieux: plus il est remarquable et connu par ses talents, plus la punition sera terrible, et plus la leçon sera frappante. Il mourra. Va-t-il venir?[1]

SCÈNE IV

LES MÊMES, LES HABITANTS, UN VIEILLARD *à leur tête.*

LE VIEILLARD.

Ah, Seigneur! l'infortuné Tell a eu le malheur de vous déplaire; nous venons, nous venons vous supplier de lui accorder sa grâce; nous l'achèterions de tout ce que nous possédons, pour appaiser votre colère. Voulez-vous dix besants d'or? nous tâcherons de les trouver & nous vous les apporterons.

GUESLER.

Ah! vous avez dix besants d'or?

LE VIEILLARD.

Nous ne les avons pas, mais nous tâcherons de les trouver.

GUESLER.

Vous les trouverez, et je vous ordonne de me les apporter.[2]

LES HABITANTS.

Ah! que de grâces à vous rendre!

GUESLER.

Le coupable n'en mourra pas moins.

LES HABITANTS, *à part.*[3]

Ah! ciel! peut-on être aussi injuste?

GUESLER.

Cette populace! ils ont de l'or, ils le cachent, et c'est ainsi qu'ils nous privent de ce qui doit nous appartenir! Apportez-moi cet or, entendez-vous? Mais Tell n'en subira pas moins la supplice qu'il a mérité.

---

1 PG: <Va-t-il venir?>

2 PG: [*les quatre répliques suivantes manquent, et la scène se termine à cet endroit.*]

3 Ms: <*à part*>

SCÈNE V.

LES MÊMES,[1] MME TELL,[2] SON FILS ET SA FILLE.[3]

LA MÈRE ET LES DEUX ENFANTS.[4]

Seigneur, Seigneur, miséricorde,
Que votre bonté nous accorde
Et sa grâce et son pardon.

GUESLER.

Non, non.

LA MÈRE.

Voyez, voyez sa famille:[5]
Voilà son fils, voilà sa fille.[6]

LES ENFANTS.[7]

Ma mère est à vos genoux.

MME TELL.

Sa femme est à vos genoux.

LES ENFANTS.

Ayez[8] pitié de ma mère,
Ayez pitié de mon père.
Ah! faites grâce à mon père;
Ah! faites grâce à leur père;
Lui seul nous fait vivre tous.[9]
Vous nous plongez dans la misère.
En faisant mourir mon père.
Lui seul nous fait vivre tous.

---

1 Ms: LES MÊMES, ~~excepté LES HABITANTS,~~ [etc.]
2 PG: LA FEMME DE TELL
3 PG: SON FILS, SA FILLE, DEUX SERVANTES.
4 PG: Mme TELL *accourant suivie de son Fils et de sa Fille.*
5 PG: Vous voyez sa famille
6 PG: [*ajoute, à cet endroit*] Accordez-nous son pardon. GUESLER: Non, non.
7 PG: [*ajoute une voix de fils qui chante*: 'Son fils est à vos genoux'; *et une fille qui chante*: 'Sa fille est à vos genoux'.]
8 PG: Prenez
9 PG: [*l'ordre des quatre derniers vers est*] En faisant mourir mon père | Vous nous plongez dans la misère. | Lui seul nous fait vivre tous. | Lui seul nous fait vivre tous.

QUATUOR

LES DEUX OFFICIERS *qui accompagnent Guesler.*	GUESLER.	LES ENFANTS. *à leur mère*	LA MÈRE.
	Vous voulez voir son adresse,	Ah! ma mère, il s'intéresse,	
Avant de le faire mourir,	Vous en aurez le plaisir.	Voyez comme il s'intéresse;	
Qu'il nous montre son adresse;		Sans doute il va s'attendrir.	
Accordez-nous ce plaisir.		On le prie, on s'intéresse;	
À cent pas, par son adresse,		Ce bon seigneur qui le presse	
Il frappe au but sans faillir.		Va se rendre à leur désir;[1]	
Avant de le faire mourir		Sans doute il va s'attendrir.	
Qu'il fasse voir son adresse;		Sans doute il va s'attendrir.	Ah, grands dieux! quelle détresse,
Accordez-nous ce plaisir.	Vous en aurez le plaisir.		S'il le condamne à mourir.[2]

LE PEUPLE.
Sans doute il va s'attendrir.[3]

[1] Ms: En obtiendra ce plaisir
[2] PG: [*voir annexe des variantes longues, B*]
[3] Ms: LE PEUPLE *à part*: Sans doute il va l'attendrir.

SCÈNE VI.

LES MÊMES, TELL *amené par des Soldats; il est enchaîné.*

GUESLER.

Je veux bien te[1] faire grâce:
Mais afin de l'obtenir
Je prétends qu'il satisfasse
À ce que je veux qu'il fasse;[2]
Ou la mort qu'il va[3] subir,
Servira d'exemple à tous.[4]

LA MÈRE, LES ENFANTS, LE PEUPLE.

Ah! Seigneur, ah! dites-nous
Ce que vous voulez qu'il fasse,
Il ne peut que réussir.[5]

GUESLER.[6]

Tell (c'est ainsi qu'on te nomme),
Tu remportais tous les prix:
À l'instant je veux voir comme
Tu remportais tous les prix;
À cinquante pas préfix[7]
Il faut abattre une pomme.

LA MÈRE,[8] *contente.*

Ah ciel!

GUESLER.

Sur la tête de ton fils.

LA MÈRE, LES ENFANTS.

De mon fils!

TELL.

De mon fils!

LA FILLE.

De mon frère!

---

1 PG: lui
2 PG: A mes ordres qu'il satisfasse
3 PG: il doit
4 PG: [*ce dernier vers manque.*]
5 PG: Il ne peut qu'obéir. | Que de grâce.
6 PG: GUESLER *à ses officiers.*
7 PG: précis
8 PG: [*ajoute*] LE FILS, LA FILLE, *avec la joie de l'espérance.*

LE PEUPLE.[1]

De son fils!
Le barbare, de son fils!

GUESLER.[2]

Quelqu'un a dit, le barbare!
Qui de vous a dit barbare?
Dites-moi, dites-moi qui
D'eux tous? Si je sais qui,
Il périra. (*à Tell*) Reste ici,
Et que ta main se prépare
À mériter ta merci.

SCÈNE VII.[3]

TELL, SA FEMME, SON FILS, *étant sur le devant de la scène, ne sont alors que les acteurs;* LE PEUPLE, GUESLER, LES OFFICIERS *sont dans le fond, où on élève un tribunal.*[4]

TELL.

Tu vois, grand Dieu! l'excès de la scélératesse,
Est-ce aux tyrans que tu dois ton secours?
Arme mon bras, dirige son adresse,
Et sauve-moi du danger que je cours.
Mon fils,
Sois intrépide, et que ta tête
S'expose à mes yeux sans effroi,
Mon fils!

GUILLAUME.

Mon père!

TELL.
Alors regarde-moi,
Sans craindre la mort qui s'apprête.
Sois intrépide, et que ta tête
S'expose à mes yeux sans effroi.[6]

GUILLAUME.
Je suis ton fils, et sans effroi,
À tes yeux j'expose ma tête.[5]

(On apporte à Tell son arc et son carquois; il choisit deux flèches, en cache une sous son habit.)[7]

---

1 PG: DEUX HOMMES DU PEUPLE
2 PG: [*ajoute*] , *après avoir regardé.*
3 [*Suite à une erreur d'imprimeur, cette scène est désignée 'SCÈNE VIII' dans le livret: nous corrigeons.*]
4 PG: [*il manque la didascalie.*]
5 PG: [*ces deux vers manquent.*]
6 PG: Sois intrépide, et sois digne de moi.
7 PG: [*remplace cette didascalie par la suivante*] (*L'Enfant va auprès de sa Mère, des Soldats portent des flèches, viennent prendre Tell pour lui montrer ce qu'il a à faire.*)

LE FILS.	MARIE.	LA MÈRE.	LE PEUPLE.
Ne pleure pas, ne pleure pas, ma mère;	Ah! ma mère, ma tendre mère,	Mon mari… mon fils… si ton père…	Dieux! pour une mère.
Le ciel prendra soin de mon sort.	Si mon père… Ah! Dieu, si mon frère!	Ah! mon Dieu, quel sera mon sort?	Quel spectacle pour une mère!
Ah! ma sœur, console ma mère. Je dois être fier de mon sort,	Ah! ma mère.	Dieux! quel supplice pour son père.	
Si je péris de la main de mon père		Si sa main…	Quel spectacle pour une mère!
Pour le sauver de la mort.			
Ne pleure pas, ne pleure pas, ma mère,			
Le ciel prendra soin de mon sort.[1]			

[1] PG: [les voix de Marie et du peuple sont absentes: *voir annexe des variantes longues, C.*]

TELL *tenant son arc à la main.*[1]

Tu vois, grand[2] Dieu, l'excès de la scélératesse.
Est-ce aux tyrans que tu dois ton secours?
Arme mon bras, dirige son adresse,
Et sauve-moi du danger que je cours.
Ah! ma femme, ah! mon fils.[3]

UN SOLDAT.

Marche, et[4] point de discours.

(Le morceau de musique continue. Il exprime les gémissements de la mère, de la sœur, l'effroi et la douleur du Peuple. Guesler accompagné de ses soldats et de ses officiers, après une sorte d'appel de marche pour les soldats, monte sur son tribunal: le fils est mené au bout de la carrière, la mère sur un des côtés du théâtre se cache les yeux avec ses mains en paraissant sangloter, sa fille est près d'elle.[5] *Le père pose la flèche sur son arc, et par trois fois il se met en devoir de tirer; avant la troisième fois il tombe à genoux, et paraît invoquer le ciel: il tire.)*[6]

LE PEUPLE.

Quel coup du ciel!
Oh! vive Tell!
Ah! vive Tell!
Le ciel a conduit sa main.[7]

(Tell court à sa femme, son fils ensuite accourt.)[8]

LE PEUPLE.

Quel miracle, quelle adresse!
Quel coup-d'œil! quelle justesse![9]
Bien, très-bien, fort bien.

---

1 PG: *revient sur le devant de la Scène.*

2 PG: Ô

3 PG: [*ce dernier vers manque.*]

4 Ms: <et>

5 Ms: *sangloter, des femmes sont empressées autour d'elles.*

6 Ms: [*la dernière phrase de la didascalie est la suivante*] *Le père pose la flèche sur son arc et à l'instant qu'il la tend, il règne un grand silence pour le faire sentir davantage une Phrase marquée de musique sera suspendue tous les regards sont tendus vers le fils. Sitôt que la flèche est tirée un grand cri;* PG [*remplace cette didascalie par la suivante*] (*Tell va placer son fils, il l'embrasse, lui pose la pomme sur la tête. Mde Telle est à genoux sur le devant de la Scène, sa fille est à genoux les Servantes forment un groupe avec elles. Tell veut tirer, il s'arrête; il va demander grace à Guesler qui lui fait signe de tirer. Enfin Tell se jette à genoux. Il tire.*)

7 PG: [*ce vers se trouve plus bas, chanté par* LE PEUPLE.]

8 PG: (*Tell accourt avec son Fils sur ses bras.*)

9 PG: [*ajoute, à cet endroit, le vers suivant*] Le ciel a conduit sa main.

LES SOLDATS.

Bien, c'est bien, très-bien.

TELL, *à sa femme.*

Ah! ma femme, je te revois,
Voilà ton fils, tu le revois:
Nous voilà rassemblés tous trois.

LE FILS.

Ah! ma mère, je te revois;
Ah! mon père, je te revois,

LA FEMME ET LE FILS, *à genoux.*[1]

Ah! mon[2] Dieu, je vous remercie:
Vous me donnez plus que la vie.

TELL.

Ah! mon Dieu, je vous remercie:
Vous me donnez plus que la vie.

(Cependant[3] *on apporte à Guesler la pomme percée de la flèche, il la considère et vient sur le devant de la scène.)*

GUESLER.

Guillaume Tell, je ne peux qu'applaudir à ton adresse, je t'accorde la vie; mais tu n'es pas fait pour être un vil paysan, et dans un état abject; mets toi à mon service, et je t'approcherai de ma personne.

TELL.

Moi?

GUESLER.

Oui.

TELL.

Non.

UN OFFICIER.

Il ne veut pas?[4]

GUESLER.[5]

Il refuse?

UN AUTRE OFFICIER.

Cet homme est bien, il ferait un beau soldat. (*Il le regarde, lui fait lever la tête, le*

---

1 PG: (*Toute la Famille Tell tombe à genoux.*)
2 PG: grand
3 PG: <*Cependant*>
4 PG: [*cette réplique manque.*]
5 PG: [*ajoute*] , *à part.*

mire; son habit se déboutonne, il en tombe une flèche. Tell la ramasse.)[1]

GUESLER.

Quelle est cette seconde flèche, que tu caches[2] sous ton habit?

TELL.

C'est celle d'un homme libre.

GUESLER.

À quoi la destinais-tu?

TELL.

À te percer le cœur, si j'avais touché mon fils.

GUESLER.

À moi, soldats! saisissez-le, faites-le monter dans une barque, je vais le faire conduire dans le Fort, et de mon château vous autres, vous allez voir son supplice: chassez-moi cette populace.[3]

(Les soldats foncent sur le peuple, et le font sortir de la scène. La barque part, et pendant l'embarquement de Guesler, de Tell, et des soldats, la ritournelle du morceau qui suit dans un sentiment profond. Les hommes qui entrent sur la scène ont une fureur sourde, une rage concentrée, le front baissé, les poings fermés, les regards farouches.)[4]

LES HOMMES.

Nous vivons… et nous souffrons
De telles ignominies!
Nous vivons, et nous souffrons
Que de telles infamies,
Dans la fange courbent nos fronts!
(Les femmes arrivent sur la scène.)[5]

LES FEMMES.

Non,[6] vous n'êtes plus nos[7] pères,

---

1 PG: [*la didascalie manque.*]
2 Ms, PG: cachais
3 PG: [*remplace cette réplique par:*] Malheureux! A moi, soldats!
4 PG: [*remplace cette didascalie par la suivante*] (*Femmes du Peuple, la Femme de Tell, sa fille et son fils, les Soldats tombent sur le Peuple et le font sortir de la Scène. Pendant la fin de cette Ritournelle, les hommes reviennent sur la scène tout confus, les femmes les observent avec indignation.*)
5 PG: [*la didascalie manque, et le vers suivant est ajouté*] Que sommes-nous.
6 PG: <Non,>
7 PG: leurs

Vous n'êtes plus nos[1] maris,
Vous n'êtes rien qu'avilis,
Et dignes[2] de vos misères:
Attendrez-vous, malheureux!
Attendrez-vous donc par eux[3]
Le déshonneur de vos femmes,
Et que ce troupeau d'infames,
Vous souille dans vos neveux?
Non, vous n'êtes point des hommes;[4]
Allons nous jeter dans leurs[5] bras,
Dans les bras de ces soldats;
Eux seuls méritent le nom d'hommes;
Ah! malheureuses que nous sommes,
Souffrons plutôt le trépas.[6]
Quoi! craignez-vous le trépas?

LES HOMMES.

Courons, courons tous aux armes;
C'est du sang, et non des larmes
Qu'il nous faut, pour nous venger.[7]
Point d'accord, il faut la guerre.[8]

LES FEMMES.

Entendez-vous le tonnerre? [9](*)
Le ciel veut nous protéger.

LES HOMMES.

Courons, courons nous venger.

---

1 PG: leurs
2 PG: Et bien dignes
3 PG: [*dans ce vers, comme dans le précédent*:] Attendez-vous, [*etc.*]
4 PG: [*ce vers manque.*]
5 PG: tes
6 PG: [*ce vers manque.*]
7 PG: [*ajoute, à cet endroit, la didascalie suivante*] (*Le Tonnerre gronde jusqu'à la fin du morceau.*)
8 PG: Sans retard, il faut la guerre.
9 [*Note du livret*:] (*) 'Ceci est le commencement de l'orage. Si cette pièce eût été donnée sur le Théâtre de l'Opéra, ou se donnait sur un grand théâtre, le fond de la scène pouvant représenter une grande étendue du lac, on verrait l'embarquement, dans l'entre-acte, rempli par un grand morceau de musique; on verrait la tempête s'élever, la barque tourmentée, se perdant sous les flots amoncelés, disparaître; après un grand coup de tonnerre, reparaître, et Guillaume Tell la conduisant, et s'élançant ensuite sur le rocher. Enfin, le récit que fait le petit Tell mis en action, ce qui ne l'empêcherait pas d'en faire le récit à sa mère.' [*Toute cette note manque dans le ms.; pour la PG, voir ci-dessous.*]

LES FEMMES.

Ah! partageons le danger:[1]
Courons, courons nous venger.[2]

FIN DU SECOND ACTE.[3]

1 PG: [*ce vers manque.*]

2 PG: [*ajoute*](*En parlant ils arrachent la Pique et foulent à leurs pieds le Bonnet de Guesler.*)

3 PG: [*comporte une musique d'entr'acte avec la didascalie musicale suivante*] (*Le Tonnerre gronde de loin et l'on voit le Fils de Tell qui grimpe sur des Rochers. Un éclair fait voir le petit Tell la foudre éclate.*); Ms: (*Pendant l'entr'acte la musique exprimera une tempête, on verra les flottes irritées, et venant se briser en écume contre un rocher au coin du théatre on verra le fils de Tel courir sur les pointes du Rocher et le coup de l'éclair frappera sur lui par intervalles, et le fera voir tout entier aux spectateurs, ou le perdra de vue à la fin de l'orage; alors commencera le 3ème acte.*)

ACTE III

Le théâtre représente une campagne. Dans le fond de la scène est le château de Guesler, construit sur des roches escarpées; à gauche est l'entrée de la Forteresse: un rempart se prolonge jusque sur la partie droite où l'on doit remarquer un rocher plus élevé que les autres, et un peu détaché; en avant plusieurs autres roches escarpées.[1]

SCÈNE PREMIÈRE.

Des soldats de l'Empereur qui passent; ils ont de longues piques, ils marchent précipitamment, et en se retournant pour attendre leurs camarades, et l'un d'eux dit sur le devant de la scène:[2]

L'UN D'EUX.

Ils sont révoltés tous.[3]

L'AUTRE.

Tant mieux, on nous permettra[4] le pillage. (*Ils sortent de la scène, d'autres soldats traversent le théâtre d'un pas vif.*)[5]

SCÈNE II.

LA FEMME DE TELL. (*Elle voit passer ces*[6] *soldats,*[7] *elle les suit des yeux pendant la ritournelle du morceau.*)[8]

Ô ciel! où vont ces scélérats?[9]
Ah! c'est sans doute à son supplice;
Ô[10] ciel, qui protégez leurs pas,
Quelle est donc votre justice?
Irai-je au pied de ce tyran
Me jeter? Non, sa barbarie,

---

1 PG: [*cette didascalie est placée en tête de l'entracte, avant la musique et la didascalie mentionnée dans la note précédente.*]
2 PG: [*les didascalies de début d'acte et de scène sont remplacées par celle-ci:*] (*Quatre soldats traversent le théâtre*); Ms: <, *et l'un d'eux dit sur le devant de la scène:*>
3 Ms: révoltés <tous>; PG: tous révoltés
4 PG: promettra
5 PG: [*la didascalie manque.*]
6 PG: *des*
7 Ms: *un soldat*
8 PG: <*du morceau*>
9 Ms: [*section dénommée:*] Ariette.
10 PG: <Ô>

Pour rendre son tourment
Plus grand,
À mes yeux trancherait sa vie.
Je le vois, je le vois sanglant;
Il me tend les bras, il m'appelle.
Ah! barbares,[1] percez mon flanc!
Unissez un couple fidèle.
Je le vois, je le vois sanglant.
Il me tend les bras, il m'appelle.
Ô Tell! ô Tell![2] ah! je me meurs,
Ah! je succombe à mes douleurs.
Ah! je me meurs, ah! je me meurs.

SCÈNE III.

La femme de Tell, son fils *du haut des roches.*

LE FILS.

Ma mère, ma mère, il est sauvé.

MME TELL.

J'ai cru entendre… j'ai cru entendre la voix de mon fils.

LE FILS.

Il est sauvé.

MME TELL.

Qui?

LE FILS.

Lui, mon père.

MME TELL.

Ô ciel! d'où le sais-tu?

LE FILS.

Je l'ai vu.

MME TELL.

Où?

---

1 Ms: barbare

2 PG: <Il me tend les bras, il m'appelle. | Ô Tell! ô Tell!>, [*remplacé par*] Ah cruels arretez.

LE FILS.

De dessus les roches de Mellerie.

MME TELL.

Quand?

LE FILS.

Il n'y a pas un quart-d'heure.[1]

MME TELL.

Eh, comment? eh, comment?[2] Ah! dis-moi, dis-moi,[3] mon fils… Ah, ciel!

LE FILS.

Je courais de roche, je suivais[4] la barque des yeux, et je voyais mon père; je le voyais, ma mère, comme je vous vois; il avait la tête penchée sur son estomac: on l'avait lié au mât de la barque; tout d'un coup la tempête augmente; ah! c'était affreux, la barque a disparu sous les vagues pendant je ne sais combien de temps, je ne la voyais plus du tout; et puis tout d'un coup j'ai vu mon père qui conduisait la barque; ils l'avaient sans doute détaché pour qu'il leur aidât, après un coup de tonnerre terrible, car ils étaient tous renversés.[5] Mon père a tourné tout d'un coup le gouvernail, il s'est approché de la roche pointue, il s'est élancé, l'a saisie, a gravi,[6] et je l'ai vu grimper la montagne.

LA MÈRE.

Ah! Dieu! quel bonheur! ah, mon fils! imitons ces bonnes gens de ce matin, et quittons cet infernal pays.

LE FILS.

J'entends des voix, j'entends mon père. (*Melktal fils et Tell paraissent parler ensemble.*)[7]

SCÈNE IV.

TELL, SON FILS, SA FEMME, MELKTAL FILS.

LA FEMME.

Ah, te voilà? (*Ils s'embrassent.*)

---

1 Ms, PG: une heure.
2 Ms, PG: <Eh, comment? eh, comment?>
3 Ms, PG: conte-moi, conte-moi
4 Ms: de roche en roche, je suivais; PG: de roche en roche, en suivant
5 Ms: [*ajoute, à la marge*] car tous les soldats étaient renversés par terre dans la barque; PG: <car ils étaient tous renversés.>
6 Ms: <a gravi,>
7 Ms, PG: *tous deux ensemble.*

TELL.

Oui, ma femme, nous voilà encore une fois réunis. Ah! je ne regrettais que toi et mes[1] enfants.

LA FEMME.

Ah! te voilà; ah! nous voilà. (*Elle serre dans ses bras son*[2] *mari et son fils.*)[3]

TELL.

Oui, nous voilà, et pour long-temps, si je ne péris pas dans le combat.

LA FEMME.

Dans le combat! est-ce qu'on se battra?

TELL.

Sans doute. Melktal, donne-moi ton cornet. (*Il souffle dedans; on répond de plusieurs côtés:*)[4]
C'est Zurich:

TELL, *fils.*

Non, mon père; c'est Underval qui répond: tenez, voilà Zurich.

TELL.

Melktal, où vas-tu?

MELKTAL.

Je vais au-devant de mon père; je l'ai laissé entre les mains de ta fille, qui le conduit.

SCÈNE V.[5]

TELL père.	LA MÈRE.	LE FILS
Je suis altéré de vengeance,	Ah, mon ami! Point de vengeance,[6]	

1 Ms, PG: nos
2 Ms: *et son*
3 PG: [*la didascalie est replacée avant la réplique, avec la variante suivante*] (*en serrant dans ses bras et son mari et son fils.*)
4 Ms: *de plusieurs endroits*; PG: *on répond de deux endroits pendant le deuxième son.*
5 Ms: [*ajoute, à cet endroit, la note suivante*] (*Je désirerais que dans le commencement de la ritournelle de ce morceau, Tel parût donner de son cornet et que l'on lui répondît de plusieurs endroits et ces sons de cornet pourraient à volonté reparaître q[uel]quefois dans le cours du morceau.*); PG: [*pour ce trio, voir annexe des variantes longues, D*]
6 PG: <Ah,>

TELL père.	LA MÈRE.	LE FILS
Mon sein s'embrase de fureur.	Du repos goûtons la douceur.	
Du repos! non, dans ma fureur,[1]	Laissons cela, laissons cela,	
Que n'est-il là ce gouverneur,	Mon ami[2]; n'es-tu pas le maître	
Que n'est-il là; que n'est-il là?	De quitter le pays, et de fuir tout danger?	
	Pourquoi ne pas nous ménager?	
Tout habitant ne peut être		
Qu'un lâche, un perfide, un traître,		
Lorsqu'il fuit son pays, quand il est en danger.		Ma mère, mon père a raison,
Oui, oui, nous nous battrons,		Ne quittons pas notre maison.[3]
Ensemble nous nous défendrons,	Puisqu'il le faut, eh bien, nous te suivrons,	Eh bien, eh bien, nous nous battrons,[4]
Ensemble nous nous vengerons.	Et ton danger nous le partagerons.	Ensemble nous nous défendrons.[5]

SCÈNE VI.

LES MÊMES, MELKTAL PÈRE, MELKTAL FILS, LA FUTURE. LES HABITANTS[6] *tous en armes, flèches, carquois, piques, fléaux, hallebardes: et Mme Tell sort avec son fils, qui, revenant, apporte à son père son arc et son carquois.*

---

1 PG: Oui, dans ma fureur, | Je cours à la vengeance.
2 PG: <Laissons cela, laissons cela, | Mon ami;>
3 PG: Quitter notre maison ensemble
4 PG: [*ce vers manque.*]
5 PG: vengerons
6 Ms: LA FACTION DES HABITANTS; PG: MARIE, DES HABITANTS,

TELL.[1]

Ah! les voilà, ah! voilà l'infortuné Melktal. (*Ils vont au-devant de lui.*) Bonjour, grand homme,[2] bonjour respectable Melktal.[3]

MELKTAL [PÈRE].

C'est Tell que j'entends.

TELL.

Oui, c'est moi, respectable magistrat, ton malheur...

MELKTAL [PÈRE].

Parlons du tien, on plutôt félicitons-nous de la barbarie de Guesler, et de la conduite des agents du Pouvoir souverain; la mesure est comblée, soyons hommes, et libres. Qui sont ceux qui m'entourent?

TELL.

Ce sont les pères et les enfants des villages voisins.

MELKTAL PÈRE.

Mes enfants, je vous voyais hier, je ne vous vois plus; que mon front privé de l'éclat[4] des cieux vous apprenne ce qui vous menace tous, et ce que vous devez faire; à chaque instant de ma vie je m'applaudirai de mon supplice, s'il vous inspire et vous donne la volonté d'être libres.

SURLEMANN.

Père Melktal! nous allons l'être.

MELKTAL [PÈRE].

Est-ce que vous vous êtes donné rendez-vous ici?

TELL.

Oui.

MELKTAL [PÈRE].

Quels sont vos desseins?

TELL.

Nous sommes tous en armes, et nous allons tomber sur eux.

---

1 PG: [*ajoute*] *pendant la Ritournelle précédente.*

2 Ms: <, grand homme,>

3 PG: [*ajoute la réplique suivante*] MME TELL: Ah, cela me fait trop de peine, je m'en vais. | TELL, *après la musique*: Bonjour, respectable Melktal.

4 Ms, PG: la clarté

MELKTAL [PÈRE].

Que tardez-vous?

TELL.

Nous attendons les signaux.

MELKTAL [PÈRE].

Quels signaux!

TELL.

C'est une torche allumée sur le sommet d'Angrelie, une autre au Caput-Jurat, une autre au Cap-Morne, et les signaux donnés, nous partons tous; et tous les cantons aussitôt se précipitent à la fois sur les scélérats.

MELKTAL [PÈRE].

Ah! malheureux que je suis, et je ne puis[1] être à votre tête!

TELL.

Votre outrage nous commande.

MELKTAL [PÈRE].

Enfants, écoutez. (*L'un d'eux qui s'approche en ôtant son chapeau, lui dit:*)[2] Nous vous écoutons, cher Melktal.[3]

UN AUTRE.[4]

Tu lui ôtes ton chapeau, et il ne te voit pas.

LE PREMIER.[5]

Lui en dois-je moins de respect?

MELKTAL [PÈRE].

Je vous ordonne de par la loi d'obéir à Tell, je le fais votre chef.

SURLEMANN.

Nous lui obéirons.

MELKTAL [PÈRE].

Qui est-ce qui me parle? n'est-ce pas toi, Surlemann?

---

1 PG: je ne puis pas

2 Ms: <*lui dit*>; PG: (*Surlemann s'approche en ôtant son chapeau:*)

3 Ms: Mr Melktal; PG: <cher Melktal>

4 PG: UN PAYSAN.

5 PG: SURLEMANN.

SURLEMANN.

Oui, c'est moi, père Melktal.

MELKTAL [PÈRE].

Brave homme, au reste vous l'êtes tous; Surlemann, approche-toi de moi, le signal ne se donne pas encore;[1] je t'ai entendu autrefois dire[2] la chanson de Roland qui va au combat, dis-la-nous,[3] et faisons *chorus*.

SURLEMANN.

Nous la savons tous, et[4] sans votre accident,[5] qui la dirait[6] mieux que vous?

MELKTAL [PÈRE].

Eh bien, je vais la dire.[7]

SCÈNE VII.

LES MÊMES, LES FEMMES *arrivent,* MME TELL *à leur tête; elles ont des pains, des cruches pleines de vin, et des armes.*[8]

MME TELL.

Nous venons toutes mourir avec vous.

LES FEMMES.

Oui, oui, oui, nous ne vous quitterons pas.

MELKTAL [PÈRE].

Qu'entends-je?

SURLEMANN.

Ce sont nos femmes.

MELKTAL [PÈRE].

Qu'elles se taisent, et qu'elles écoutent: écoutez braves femmes, et faites *chorus*.

À Roncevaux,
Dans les clairs-vaux,

1 PG: <le signal ne se donne pas encore>
2 PG: dire autrefois
3 PG: dis-la nous, mon ami
4 PG: Ah! brave Melktal, Nous la savons tous, et [etc.],
5 Ms: et Sire Melktal, sans votre accident,
6 PG: disait
7 PG: Eh bien, mes enfants, je vais vous la dire.
8 PG: [*remplace la didascalie par la suivante*] (*Les mêmes et les femmes apportant des Piques et des armes. Me Tell à leur tête.*)

Roland courant à la victoire,
Chantait tout haut
Dans les clairs-vaux,[1]
Aux camarades de sa gloire,
Aux compagnons de ses travaux:
Mourons, mourons pour la Patrie;
Un jour de gloire vaut cent ans de vie.[2]
Le plus bel instant de la vie,
C'est quand on meurt pour sa Patrie.[3]

Second couplet.[4]
Combien sont-ils?
Combien sont-ils?
Lorsque l'on[5] vole à la victoire,
Lorsque nous commande la gloire,[6]
On demande où sont les périls?[7]
Eh, qu'importe combien sont-ils?
Mourons, mourons pour la Patrie;
Un jour de gloire vaut cent ans de vie.
(*On voit paraître les signaux sur le haut des monts.*)[8]

GUILLAUME.

Mon père, voilà le signal.[9]

TOUS.

Voilà les signaux.

TELL.

Écoutez le commandement; en ordre. (*Ils s'y mettent.*)

MELKTAL PÈRE.

Ah! mes amis, portez-moi dans vos rangs.

---

1 PG: à Roncevaux

2 Ms: [*ajoute*] (*au refrain tous l'embrassent*); PG: [*ajoute*] (*Les deux derniers vers répétés par le chœur.*)

3 PG: [*ces deux derniers vers manquent.*]

4 Ms: [*ajoute*] *à parodier*; PG: [*ajoute*] *Tell, avec mistère.*

5 PG: Quand on

6 Ms, PG: [*ce vers manque.*]

7 PG: [*ajoute, à cet endroit, le vers suivant*] Eux seuls conduisent à la gloire.

8 Ms: [*remplace cette didascalie par la suivante*] (*au milieu du refrain le Petit Tel:*); PG: [*remplace la didascalie par la suivante*] (*Il paraît du feu sur la montagne.*)

9 PG: [*cette réplique manque.*]

TELL.

Ah! cher Melktal,[1] vous occuperiez deux de nous.

MELKTAL PÈRE.

Mon corps peut servir de rempart, et parer un coup porté à un brave homme.

TELL.

Ah![2] restez ici, la mort d'un grand homme est un deuil pour tout un peuple.[3]

MELKTAL PÈRE.

Mon fils, où es-tu?

MELKTAL FILS.

Me voici, mon père.

MELKTAL PÈRE.

Embrasse-moi, et fais dire dans le combat: son père était ainsi, ma bru; après la victoire, la noce, ou nous le pleurerons ensemble. Non, non, nous ne le pleurerons pas; il sera vainqueur.

TELL.

Brave Melktal, c'est ici que nous nous rendrons après la bataille.[4]

MELKTAL PÈRE.

Allez, et que Dieu vous garde.[5]

TELL.

Ma fille et mon fils, je vous laisse auprès de ce vieillard; et vous m'en répondrez.

GUILLAUME.[6]

Ah, mon bon[7] Dieu! je n'irai donc pas avec eux?[8] ah, ma sœur! que ton amoureux est heureux. (*Marie embrasse Melktal fils, et tous partent et gravissent les montagnes; les femmes suivent chargées d'armes de toutes sortes.*)[9]

---

1 Ms, PG: Respectable Melktal,
2 Ms: <Ah,>; PG: Non, non,
3 Ms: Restez ici, mon fils où es-tu?
4 PG: la victoire
5 Ms: [*cette réplique manque.*]
6 PG: [*ajoute, à cet endroit, la didascalie*] *qui était déja au premier rang avec une Pique.*
7 PG: <bon>
8 PG: [*le reste de la réplique et la didascalie manquent.*]
9 Ms: *de toutes sortes de choses.*

SCÈNE VIII.

MELKTAL PÈRE, GUILLAUME, MARIE

GUILLAUME.

C'est vous,[1] père Melktal, qui êtes la cause de ce que[2] je ne vais pas au combat.

MELKTAL.[3]

C'est bien malheureux pour tout le pays, car tu es un homme bien formidable.

GUILLAUME.

Tout comme un autre.

MELKTAL.

Paix, mes enfants; ma bru, si tu me quittes un peu, tu te tiendras toujours à la portée de ma voix, et quand je t'appellerai, tu viendras. Pour toi, Guillaume, Guillaume…

GUILLAUME TELL.

Me voilà.

MELKTAL.

Pour toi, Guillaume, tu monteras sur les roches, et ce que tu verras, tu viendras me le dire.

GUILLAUME.

Ah! bon, je verrai quelque chose; ah! je viendrai, je viendrai vous le dire, soyez-en sûr. (*Alors Guillaume court, et Marie reste.*)[4]

MELKTAL.

Ma bru, si les ennemis viennent par ici, et s'ils viennent vers moi, quand je serai devant eux, tu me crieras de loin: frappe, et je frapperai.

MARIE.

Ah! je serai toujours avec vous, mon père me l'a ordonné. Je vois de loin des soldats de l'Empereur.

MELKTAL.

Sont-ils près d'ici? viennent-ils à nous?

---

1 PG: C'est cependant vous
2 PG: qui êtes cause que
3 PG: [*passim jusqu'à la fin*] MELKTAL père.
4 PG: *Alors il court, Marie reste.*

MARIE.

Non, ils sont loin.[1]

(Un détachement du parti de Guesler s'empare du vieux Melktal, du jeune Tell, et de Marie. Un gros de paysans armés de haches et de fléaux, vient à leur secours. Bientôt après ils reviennent, gravissent le roc sur lequel est bâti le château de Guesler, et montent à l'assaut. Les soldats de Guesler font leurs efforts pour repousser les assaillants; mais Tell paraît sur le rempart, à la tête d'un renfort. Il pénètre dans l'intérieur du château, et ne tarde pas à les mettre en fuite.

Pendant ce temps, un second corps de paysans armés de fléaux, forment un bataillon quarré sur l'avant-scène, et soutient l'effort[2] d'un second détachement de Guesler. Une partie de ses soldats est renversée par les fléaux, le reste est mis en déroute. On voit traverser d'autres paysans qui portent des flambeaux, et vont incendier le château. Guesler sort par le portique, livre un combat singulier à Melktal fils. Il est prêt à le poignarder, lorsque Tell placé sur un rocher vis-à-vis le lieu de la scène, s'aperçoit du danger de son gendre, et perce Guesler d'une de ses flèches. Melktal le précipite aussitôt du haut du rempart, rentre ensuite dans le château, et sort après avoir enlevé un drapeau. Quelques soldats le poursuivent, et sont prêts à l'immoler, lorsque le brave Tell s'élance furieux,[3] et parvient à le délivrer. Il aperçoit dans ce moment sa femme environnée de soldats, et qui, armée d'une hache, cherche à s'en débarrasser. Tous deux se précipitent du haut du rocher, volent à son secours, et parviennent à lui rendre la liberté. Dans ce moment le reste des soldats de Guesler vient en désordre sur la scène. Il se fait une mêlée générale, le parti de Tell les enveloppe, les désarme,[4] et un gros détachement les enveloppe, et les désarme.)[5]

TELL, *aux combattants.*

Arrêtez! conduisez ces scélérats au-delà des frontières, qu'on en purge pour jamais la terre de la liberté.

MELKTAL PÈRE.

Ô brave Tell! qu'il est glorieux pour ma famille d'être unie à la tienne; car ton nom est pour jamais célèbre. Mon fils, Marie, je vous unis, et que l'alliance du courage et de la beauté soit le symbole de l'union, de l'honneur et de la liberté.

---

1 Ms: [*à partir de cet endroit, le ms donne un dénouement entièrement différent du livret, que nous reproduisons dans l'annexe des variantes longues E.*] PG: [*ajoute la mention*] Combat.

2 PG: *l'attaque.*

3 PG: *sur eux*

4 PG: *les enveloppe et les désarme.* [*Le reste de la didascalie manque.*]

5 [*Le texte du livret se présente ainsi, malgré la redondance stylistique de la dernière phrase.*]

CHŒUR FINA[L]

Servons aux siècles à venir,
Et de guides, et de modèles;
Soyons, soyons toujours fidèles
Au serment qu'il nous faut tenir.
Que notre exemple, d'âge en âge,
Dise à la postérité,
Imitez notre courage,
Faites tout pour la LIBERTÉ.

FIN DU TROISIÈME ET DERNIER ACTE.[1]

[1] PG: FIN. [*La* 'scène patriotique' *manque dans PG.*].

SCÈNE PATRIOTIQUE PROPOSÉE.

Je désirais que cette Pièce qui finît ainsi, pût (attendu les circonstances qui le permettent) se terminer par les scènes suivantes.

On entendrait en sourdine, l'air des Marseillais:

Amour sacré de la Patrie, etc.

MELKTAL PÈRE *dirait*:

Qu'entends-je? vas voir ce que c'est, Guillaume Tell. *Il irait, reviendrait, et dirait:* Ce sont les Français, les braves Sans-culottes de la Nation Française.

Alors paraîtraient les Sans-culottes; l'un d'eux dirait aux Suisses, sur l'air des Marseillais:

O vous, qui donnâtes l'exemple
Pour conquérir la Liberté!
Ne renversez jamais le temple
Que votre sang a cimenté.
Ne protégez jamais l'empire
Des rois, et de leurs attentats;
Qu'ils ne dirigent point vos pas,
Et ne nous forcez point à dire:
Aux armes! Citoyens, etc.

MELKTAL PÈRE.

Si jamais ma coupable race
Devait protéger les tyrans,
Que le ciel à l'instant l'efface
De la liste de nos enfants.
Qu'un même zèle nous rassemble:
Il faut affranchir l'univers;
De l'homme il faut briser les fers;
Et que nos cœurs disent ensemble.
Aux armes! Citoyens, etc.

Ensuite Français et Suisses, Suisses et Français, chanteraient ensemble:

Amour sacré de la Patrie, etc.

Et je suis persuadé que cela ferait un bon effet.

De l'Imprimerie de CRAPELET et JULIEN, rue S. Jean-de-Beauvais, n°. 36.

Annexe des variantes longues

A: Acte I, scène 10, quatuor (version de la PG)

MME TELL, MARIE, LE PETIT TELL ET LE CHŒUR.	HAUTES CONTRES.	TELL, MELKTAL ET DES TAILLES.	BASSES TAILLES.
Grands [Dieux]			Grands Dieux
Quelle barbarie	Grands Dieux	Grands Dieux	Quelle barbarie.
	Quelle barbarie.	Quelle barbarie	
À ce Vieillard vertueux.		À ce Vieillard vertueux	
		Avoir fait brûler les yeux.	
		TELL seul.	
		Et ce Monstre est encore en vie.	
		CHŒUR.	
		Et ce Monstre est encore en vie.	
MELKTAL seul.			
Je l'entends sa voix qui me crie			
Ah! mon fils, mon cher fils			
		TELL.	
Venge-moi		Tu l'entends sa	
Venge-moi.		voix qui le crie	
		à MELKTAL	
		Donne-moi mon Arc et viens avec moi.	
CHŒUR.			
Ô Tell que vas-tu faire			

CHŒUR. Vois notre effroi. Guesler est si sanguinaire Redoutons sa colère. MME TELL. Ah! mon ami, soyez prudent Songez que vous êtes Père Ah! craignez que votre colère Ne vous rende imprudent *avec le* CHŒUR. Songez que vous êtes Père. TELL, *en montrant son cœur* Ah! c'est là qu'est ma colère. *avec une rage concentrée* Oui ma femme, Je serai prudent. *On entend un roulement de Tambour dans l'éloignement. Les Paysans regardent avec effroi et après un Silence.* MME TELL, MARIE, LE PETIT TELL, LE CHŒUR. Guesler est si sanguinaire Au nom des Dieux Soyez prudent			
	MELKTAL, TELL, DES TAILLES.		
Ô Tell, redoutez sa colère	Au nom des Dieux		
Au nom des Dieux, soyez prudent.	Soyez prudent.		

	TELL, SON FILS *et* MELKTAL *partent,* LES PAYSANS *les conduisent jusqu'a la coulisse.* Ô Tell, redoutez sa colère Au nom des Dieux, soyez prudent.	

B. Acte II, scène 5 (version de la PG)

UN OFFICIER, *seul à GUESLER*	LES OFFICIERS.	LE PETIT TELL, MARIE.	GUESLER.	MME TELL.
Avant de le faire mourir	Oui, Seigneur, avant de le faire mourir			
S'il nous montrait son adresse.	Qu'il nous montre son adresse			
	Cédez à notre désir			
		Ah ma Mère, il s'intéresse		
		Voyez comme il s'intéresse		
		Ce bon Seigneur qui le presse		
		Va sans doute l'attendrir		
	À cent pas par son adresse		Oui, oui	
	Il frappe au but sans faillir			
Voyez comme il s'intéresse	Voyez comme il s'intéresse	Voyons son adresse	Voyons son adresse	Hélas! va-t-il
Sans doute il va s'attendrir	Sans doute il va s'attendrir	Accordez-nous ce plaisir	Accordez-nous ce plaisir	s'attendrir

C: Acte II, scène 7: quatuor (version de la PG)

LE FILS SEUL	(LA MÈRE)
Ne pleure pas ma Mere Je suis fier de mon sort	
	Mon fils, si ton Père… grand Dieu quel serait mon sort.
Ne pleure pas ma Mère Je suis fier de mon sort Si je péris de la main de mon Père Pour le sauver de la mort.	
	Mon fils, si ton père grand Dieu quel serait mon sort Quel supplice pour un père ô Dieu si sa main… grand Dieu mon fils quel serait mon sort.

D: Acte III, scène 5: trio (version de la PG)

TELL.	MME TELL.	LE PETIT TELL.
Je suis altéré de vengeance		
Mon sein s'embrase de fureur		
	Mon ami point de vengeance	
	Du repos, goûtons la douceur	
		Oui dans ma fureur
Du repos non dans ma fureur		Je cours à la venge-ance
Que n'est-il là ce gouverneur?		
	N'es-tu pas le maître de quitter le pays	
	Et de fuir tout danger	Ah je sens dans mon cœur Je sens la fureur

TELL.	MME TELL.	LE PETIT TELL.
Tout habitant ne peut être qu'un lâche		
Un perfide, un traître		
Lorsqu'il fuit son pays		
Quand il est en danger.		
Je suis altéré		
Tout habitant ne peut-être qu'un lâche	Puisqu'il faut hé bien Nous te suivrons	
Un perfide, un traître	Et ton danger nous le	Tout habitant ne peut-être
Lorsqu'il fuit son pays	partagerons	qu'un lâche
Je suis altéré de vengeance	Va, cours à la vengeance	Un perfide, un traître
Mon cœur s'embrasse de fureur.	Ensemble nous nous défendrons	Lorsqu'il fuit son pays Quand il est en danger.
	Ensemble nous nous vengerons.	Je cours à la vengeance.
		Je partage sa fureur
		Mon père a raison
		Quitter notre maison ensemble.

E. Dénouement (version du ms.)

Alors sur la montagne, on voit des troupes qui filent, on n'en voit que le bout des lances et des drapeaux, et dans le Lointain, les torches qui servaient de signaux en haut des montagnes paraissent changer de place. Précipitamment, dans la ritournelle on entend les cornets des suisses et les trompettes des soldats. MELKTAL *père écoute,* MARIE *est dans le fond du théâtre le visage tourné vers le bruit.*

M[ELKTAL]. PÈRE

Et je ne suis pas à leur tête
Mes yeux ne peuvent que pleurer

Mon sang bout, oui, ma main est prête
Ah! mon cœur se sent déchirer
Et je ne suis pas à leur tête
Mes yeux ne peuvent que pleurer.
J'entends, oui, le combat s'engage
Ils sont aux mains, j'entends des cris
    J'entends des cris
    Courage, amis
    Amis, courage
Fondons sur eux, vengeons l'outrage
Que craignez-vous? brisons les rangs
    Perçons leurs flancs
Donnons, donnons, perçons leurs flancs
Courage, amis, amis courage
Ah! je ne suis pas à leur tête
Mes yeux ne peuvent que pleurer

(*Il se jette par terre de désespoir.*)

LE FILS TELL	MELKTAL	MARIE
Ils sont poussés et repoussés	Ils sont poussés et repoussés Est-ce bien vrai?	Ah! que de morts et de blessés!
	Mais, mes enfants, j'entends des bonds et des rebonds	
	La terre en tremble	
Les cantons ensemble du haut des monts		
des rochers qu'ils ont détachés		
et nous entendons leurs bonds, bonds, bonds.		
	Bon, bon, c'est le parti le plus sage	Oui, nous entendons
	Mes amis, courage, courage Eh! bien, quoi donc?	Leurs bonds, bonds, bonds
MELKTAL, o ciel!		
La forteresse de Guesler		
Est toute en flamme, on voit dans l'air	Est toute en flamme?	Est toute en flamme On voit dans l'air

LE FILS TELL	MELKTAL	MARIE
Le feu, le feu qui la ravage		Le feu, le feu qui la ravage
Leur drapeau fuit, c'est un carnage.	Leur drapeau fuit? O ciel! Achevez votre ouvrage	C'est un carnage.

(Tout ce morceau de musique sera coupé par des effets qui sont dans les paroles, les cris des combattants, les sons des cornets, de tambours; des éclats de trompette, les bonds des rochers.)

SCÈNE 9ème

LES MÊMES, UN HOMME BLESSÉ *porté par des femmes, une derrière qui fuit en pleurant.*

MARIE
Voici deux femmes qui portent un blessé, c'est un des nôtres.

LE BLESSÉ
Voilà Messire Melktal, arrêtez-moi Melktal nous sommes vainqueurs.

MELKTAL
Qui est-ce qui me parle?

LE BLESSÉ
Franchtems [?]

MELKTAL
D'où es-tu?

LE BLESSÉ
D'Underval

MELKTAL
Où vas-tu?

LE BLESSÉ
Je vais mourir

MELKTAL
Heureux mortel, Il meurt pour sa patrie, où est-il que je l'embrasse?

MARIE

Il est parti porté par sa femme et sa sœur, sa mère le suit, ah!

MELKTAL

Quoi?

MARIE

Voici votre fils qui accourt.

MELKTAL

Mon fils! cela ne se peut pas.

LE FILS TELL

Ah! C'est bien lui.

SCÈNE 10ème.

M[ELKTAL] PÈRE, M[ELKTAL] FILS, LE FILS TEL[L], MARIE

M[ELKTAL] FILS

Ah! mon père!

M[ELKTAL] PÈRE

Retire-toi, tu as quitté le combat, malheureux!

M[ELKTAL] FILS

C'est Tel qui m'envoye, nous sommes vainqueurs, les lâches ils ont mis bas les armes.

M[ELKTAL] [PÈRE]

Les voilà bien ces hommes attachés à la cour des souverains.

M[ELKTAL] FILS

Entendez-vous les chants de la victoire?

SCÈNE 11ème

(On entend de loin 'mourons, mourons pour la patrie'. LES MÊMES, LES SOLDATS PRISONNIERS, LES CANTONS. *Tell est à leur tête, les prisonniers sont au milieu d'eux, gardés par les femmes qui ont des sabres, des épées, des piques, le petit Tell ira ainsi que Marie embrasser sa mère.)*

TELL PÈRE

Honorable Melktal, nous vous présentons l'hommage de notre victoire; voici les prisonniers. Guesler, l'infâme Guesler est avec eux, et ils vont subir le supplice qu'ils méritent.

m[elktal] [père]

Où sont-ils?

tell

En face de toi.

m[elktal] [père]

Mes concitoyens, je suis encore votre magistrat, et vous devez m'obéir. Ah! mes amis, mes enfants, mes frères, ne souillons pas la gloire de nos travaux par le supplice de ces infâmes. Je suis le plus outragé, regardez mon front et je leur pardonne. Leur plus grand crime n'est pas de m'avoir privé par toujours de la clarté des Cieux; mais d'avoir par leur [-despotisme] [+insolence] et leurs déprédations rendu leur souverain odieux et criminel envers son peuple. Conduisez-les au-delà des frontières, et que sous peine de mort, ils ne les franchissent jamais; mais auparavant qu'ils soient témoins de nos serments, dressez un autel des débris de leurs armes, et posez-y l'infâme témoignage de notre avilissement.

(Cependant on dresse un autel au bruit des trompettes et des Clairons. On y met le bonnet de Guesler cependant Melktal fait approcher les prisonniers et leur dit:)

Vils courtisans bas et jaloux
Quand la liberté nous couronne
Allez ramper au pied d'un trône
Notre clémence vous pardonne
Nous vous méprisons trop pour nous venger de vous.
Enivrez-vous des renommées
De ceux qui sont dans le Cercueil
Dans ces grandeurs inanimées
Placez un ridicule orgueil
Nous, la liberté nous couronne
Courtisans, soyez-en jaloux
Allez ramper au pied d'un trône
Nous vous méprisons trop pour nous venger de vous.

tell

L'autel est prêt

m[elktal] [père]

Les chefs du canton sont-ils ici?

tell

Oui

M[ELKTAL] PÈRE

Qu'ils posent avec moi la main sur l'autel, et que nos enfants jurent avec nous.

TOUS ENSEMBLE

Nous jurons
Au nom des Cantons
De Conserver Libres nos âmes,
Nos foyers, nos Enfants, nos femmes
De courir
Pour nous secourir
De vivre libre ou mourir.

Faites approcher les prisonniers; Guesler tu peux partir et emmener tes satellites; dis à ton Empereur ce que tu viens d'entendre, et dis-lui que tout souverain qui ne voit son peuple que par les yeux de ses ministres sera toujours trompé, qu'ils partent.

SCÈNE 12ème et DERNIÈRE

Les mêmes, hors les prisonniers, et ceux qui les conduisent.

M[ELKTAL] PÈRE

Sont-ils partis? Où est Tel? Où est sa femme?

MR TELL [*sic*]

Nous voici. (*Il leur prend les mains.*)[1] Ô digne femme, que tu dois avoir éprouvé de peines aujourd'huy, Melktal et Marie vous deviez en ce jour être unis l'un à l'autre; mais il est un devoir plus impérieux à remplir. Allons vers ceux qui ont souffert pour la patrie, courons les soulager, et demain je vous invite tous aux noces de Melktal et de Marie; que demain, l'alliance du courage et de la beauté soit le symbole de l'union de l'Honneur et de la Liberté.

Servons etc, [*comme dans* L].

1 'M père' est ajouté à cet endroit.

BIBLIOGRAPHIE DES ŒUVRES CITÉES

Pour les sources manuscrites et imprimées de *Raoul, Barbe-bleue* et *Guillaume Tell*, voir les bibliographies accompagnant le texte des œuvres, ci-dessus.

Sources manuscrites

Archives nationales

AB/XIX/3066, no. 92, lettre de Sedaine à Suard du 6 janvier 1788
D/XXXVIII/4, Récompenses nationales
F/17/1005A, Ministre de l'intérieur: Réclamations pécuniaires de Sedaine
F/17/1095, d2 p8, 'Mémoire tendant à l'attribution d'une pension aux membres de l'Académie Française'
O/1/619, no. 81, Maison du roi: lettre de Dauvergne à [inconnu], 4 juin 1785
O/1/620, no. 138, Maison du roi: comptes que le Comité rend au Ministre, 16 novembre 1782
O/3/281, 'Philémon et Baucis'
T//1371 Papiers privés, lettre d'un débiteur de Sedaine à celui-ci, 1790

Bibliothèque-Musée de l'Opéra

CS-1017, 'Pagamin de Monègue'
Rés. 1025(1), 'Sommaire général 1785–1790' de l'Académie royale de musique
L.S.A. Sedaine, no. 6, M.film: 3976, lettre à Pixérécourt, 19 juillet 1826
Rés. 2140(1–2), 'Robin et Marion'

Bibliothèque nationale de France, département de la musique

Ms. 14989, 'Pagamin de Monègue'
Ms. 17314, 'L'Amoureux goutteux: Fragments'

Bibliothèque nationale de France, département des manuscrits

Fr. 9259, 'La fête constitutionelle de la France'

Textes de Michel-Jean Sedaine

À la Convention nationale ([Paris]: Imprimerie de Cl.-F. Cagnion, [s.d.])
Discours prononcés dans l'Académie françoise le 27 avril 1786 à la réception de M. Sedaine (Paris: Demonville, 1786), en collaboration
Discours renfermant l'avis de M. Sedaine, lu au Comité de l'instruction publique, le 23 Décembre 1791 ([Paris]: Imprimerie de Boulard, [1791])

Maillard, ou Paris sauvé & *Raimond V, comte de Toulouse*, ed. John Dunkley (London: MHRA, 2015)

Pétition adressée à l'Assemblée Nationale par les auteurs dramatiques, sur la représentation, en France, des pièces françaises, traduites en langue étrangère (Paris: Du Pont, 1791), en collaboration

Périodiques

Almanach général des spectacles
Chronique de Paris
Correspondance littéraire
Journal de Paris
Journal des spectacles
Journal encyclopédique
L'Esprit des journaux
Mercure de France
Moniteur universel

Textes du dix-huitième au dix-neuvième siècle

Adresse des auteurs dramatiques à l'Assemblée nationale, prononcée par M. de la Harpe dans la Séance du mardi soir 24 août [1790] (Paris: [s.n.], 1790)

Beaumarchais, Pierre-Augustin Caron de, *Œuvres*, ed. Pierre et Jacqueline Larthomas (Paris: Gallimard/Pléiade, 1988)

Bouilly, Jean-Nicolas, *Mes récapitulations*, 3 vols (Paris: Louis Janet, [1836–37])

—— *René-Descartes: trait historique*, ed. Michèle Sajous d'Oria (Bari: Palomar, 1996)

Cabinet des fées (Le), ou collection choisie des contes de fées et autres contes merveilleux, 37 vols (Amsterdam & Paris: Rue et Hôtel Serpente, 1785–89), I

Chénier, Marie-Joseph, *Jean Calas*, ed. Malcolm Cook (Exeter: University of Exeter Press, 1987)

—— *Caïus Gracchus/Tibère: deux tragédies politiques*, ed. Pierre Frantz et François Jacob (Saint-Malo: Cristel, 1998)

—— *Théâtre*, ed. Gauthier Ambrus et François Jacob (Paris: Garnier-Flammarion, 2002)

Diderot, Denis, *Œuvres esthétiques*, ed. Paul Vernière (Paris: Classiques Garnier, 1994)

Ducis, Jean-François, *Œuvres*, 4 vols (Paris: A. Nepveu, 1826)

Fabre d'Églantine, P., *Le Philinte de Molière*, ed. Judith K. Proud (Exeter: University of Exeter Press, 1995)

[Garcin, Laurent], *Traité du mélo-drame, ou réflexions sur la musique dramatique* (Paris: Vallat-la-Chapelle, 1772)

Grétry, André-Modeste, *Mémoires, ou essais sur la musique*, nouvelle édition par J. H. Mees, 3 vols (Bruxelles: Wahlen, 1829)

Hoffman, François-Benoît, 'Théatre de l'Opéra-Comique, ou recueil des pièces restées à ce théâtre', in *Œuvres*, 10 vols (Paris: Lefebvre, 1828–29), IX, 509–42

La Harpe, Jean-François de, *Correspondance littéraire adressée à son altesse impériale Mgr le grand-duc, aujourd'hui empereur de Russie, et à M. le comte André Scowalow, chambellan de l'Impératrice Catherine II, depuis 1774 jusqu'à 1791*, 6 vols (Paris: Migneret, 1807)

—— *Lycée ou cours de littérature ancienne et moderne*, 2 vols (Paris: Didier, 1834)

LAYA, JEAN-LOUIS, *L'Ami des lois*, ed. Mark Darlow et Yann Robert (London: MHRA, 2011)

LEGOUVÉ, GABRIEL-MARIE, *La Mort d'Abel*, ed. Paola Perazzolo (London: MHRA, 2016)

LEMIERRE, ANTOINE-MARIN, *Guillaume Tell*, ed. Renaud Bret-Vitoz (Rennes: Presses universitaires de Rennes, 2005)

—— *Théâtre*, ed. France Marchal-Ninosque (Paris: Champion, 2006)

LEVACHER DE CHARNOIS, JEAN CHARLES, *Costumes et annales des grands théâtres de Paris, accompagnés de notices intéressantes et curieuses*, 5, 9 [1789]

MOLAND, LOUIS, *Théâtre de la Révolution* (Paris: Garnier, 1877)

MONVEL, JACQUES-MARIE BOUTET DE, *Les Victimes cloîtrées*, ed. Sophie Marchand (London: MHRA, 2011)

PIPELET, CONSTANCE D. T., *Éloge historique de M. J. Sédaine* [*sic*] ([Paris]: Desenne, et au lycée des arts, 1797)

QUATREMÈRE DE QUINCY, ANTOINE, *Rapport approuvé par le Comité d'instruction publique de l'Assemblée législative, sur les réclamations des directeurs de théâtre, & la propriété des auteurs dramatiques* (Paris: Lottin, 1792)

Réponse aux observations pour les comédiens français (Paris: Bossange & compagnie, Du Laurens, [s.d.])

ROUSSEAU, JEAN-JACQUES, *Dictionnaire de musique*, in *Œuvres complètes*, 5 vols (Paris: Gallimard, 1965–95), v

TRUCHET, JACQUES (ed.), *Théâtre du XVIIIe siècle*, 2 vols (Paris: Gallimard/Pléiade, 1972–74), II

WEBER, CARL MARIA VON, *Writings on Music*, traduit par Martin Cooper, ed. John Warrack (Cambridge: Cambridge University Press, 1981)

Bibliographie secondaire

ABUD, MONIQUE, 'Étude sur le livret du *Guillaume Tell* de Sedaine/Grétry: de la première représentation (1791) à celle de 1793', Unpublished dissertation for the D.E.A., Université de Tours, 1997.

ARNOLDSON, LOUISE PARKINSON, *Sedaine et les musiciens de son temps* (Paris: L'Entente Linotypiste, 1934)

AULARD, F.-A., *La Société des Jacobins: recueil de documents pour l'histoire du club des Jacobins à Paris*, 6 vols (Paris: Jouaust-Noblet-Quantin, 1889–97)

BARTLET, M. ELIZABETH C., 'Grétry and the Revolution', in *Grétry et l'Europe de l'opéra-comique*, ed. Philippe Vendrix (Liège: Mardaga, 1992), pp. 47–110

—— 'Archival Sources for the Opéra-Comique and its *registres* at the Bibliothèque de l'Opéra', *19th-Century Music*, 7, 2 (Fall 1983), 119–29

BRENNER, CLARENCE D., 'Dramatizations of French Short Stories in the Eighteenth Century: with Special Reference to the "Contes" of La Fontaine, Marmontel, and Voltaire', *University of California Publications in Modern Philology*, 33.1 (1947), 1–34

BROWN, GREGORY S., *Literary Sociability and Literary Property in France, 1775–1793: Beaumarchais, the Société des Auteurs Dramatiques and the Comédie Française* (Aldershot: Ashgate, 2006)

CHARLTON, DAVID, *Grétry and the Growth of Opéra-Comique* (Cambridge: Cambridge University Press, 1986)

—— 'On Redefinitions of 'Rescue Opera', in *Music and the French Revolution*, ed. M. Boyd (Cambridge: Cambridge University Press, 1990), pp. 169–88

—— 'Grétry, André-Modeste', Grove Music Online [formerly *Grove's Dictionary of Music and Musicians*] [13 avril 2017]

CHARLTON, DAVID, ET MARK LEDBURY (eds.), *Michel-Jean Sedaine (1719–1797): Theatre, Opera and Art* (Aldershot: Ashgate, 2000)

CHEVERNY, J. N. DUFORT, COMTE DE, *Mémoires sur les règnes de Louis XV et Louis XVI et sur la Révolution*, ed. Robert de Crèvecœur, 2 vols (Paris: Plon, 1886)

CONTAMINE, PHILIPPE, 'Le Cheval "noble" aux XIV–XVe siècles: une approche européenne', *Comptes-rendus de l'Académie des Inscriptions et Belles-Lettres*, 152 (2008), 1695–1726

COUVREUR, MANUEL, 'D'*Aucassin et Nicolette* au *Chevalier du soleil*: Grétry, Philidor et le roman en romances', in *Medievalism and 'manière gothique' in Enlightenment France*, ed. Peter Damian-Grint (Oxford: Voltaire Foundation, 2006 [SVEC 2006:05]), pp. 124–51

CROZET, F., *Revue de la musique dramatique en France* (Grenoble: Imprimerie de Prudhomme, 1866–67)

CUCUEL, GEORGES, *Les Créateurs de l'opéra-comique français* (Paris: Félix Alcan, 1914)

DARLOW, MARK, '*Nihil per saltum*: Eighteenth-century Views of Chiaroscuro in Spoken and Lyric Theatre', in *Art, Theatre, and Opera in Paris, 1750–1850: Exchanges and Tensions*, ed. Sarah Hibberd et Richard Wrigley (Aldershot: Ashgate, 2014), pp. 37–51

DESNOIRESTERRES, GUSTAVE, *La Comédie satirique au XVIIIe siècle* (Genève: Slatkine, 1970)

FEILLA, CECILIA, *The Sentimental Theater of the French Revolution* (Farnham: Ashgate, 2013)

FÉTIS, F-J., *Biographie universelle des musiciens, et bibliographie générale de la musique*, 5 vols (Paris: Bibliothèque des Introuvables, 2001)

GOSSMAN, LIONEL, *Medievalism and the Ideologies of the Enlightenment: The World and Work of La Curne de Sainte-Palaye* (Baltimore, MD: Johns Hopkins Press, 1968)

GUIEYSSE-FRÈRE, E., *Sedaine, ses protecteurs et ses amis* (Paris: Flammarion, [s.d.])

GUILLAUME, J. (ed.), *Procès-verbaux du Comité d'instruction publique de l'Assemblée législative* (Paris: Imprimerie Nationale, 1889)

HAINES, JOHN, *Eight Centuries of Troubadours and Trouvères: The Changing Identity of Medieval Music* (Cambridge: Cambridge University Press, 2004)

KENNEDY, EMMET, ET AUTRES (eds.), *Theatre, Opera, and Audiences in Revolutionary Paris: Analysis and Repertory* (Westport, CN: Greenwood Press, 1996)

LAVIGNAC, ALBERT, ET LIONEL DE LA LAURENCIE (eds.), *Encyclopédie de la musique et dictionnaire du conservatoire. Deuxième partie*, 6 vols (Paris: Delagrave, 1927)

LEDBURY, MARK, *Sedaine, Greuze and the Boundaries of Genre* (Oxford: Voltaire Foundation, 2000)

—— '"Vous avés achevé mes tableaux": Michel-Jean Sedaine and Jacques-Louis David', *British Journal for Eighteenth-Century Studies*, 23 (2000), 59–84

—— 'Musical Mutualism: David, Degotti and Operatic Painting', in *Art, Theatre and Opera in Paris, 1750–1850: Exchanges and Tensions*, ed. Sarah Hibberd et Richard Wrigley (Farnham: Ashgate, 2014), pp. 53–76

LEGRAND, RAPHAËLLE, '"Risquer un genre nouveau en musique": l'opéra-comique de Sedaine et Monsigny', in *Michel-Jean Sedaine (1719–1797): Theatre, Opera and Art*, ed. David Charlton et Mark Ledbury (Aldershot: Ashgate, 2000), pp. 119–39

LEMONNIER, HENRY (ed.), *Procès-verbaux de l'Académie Royale d'Architecture, 1671–1793, publiés pour la Société de l'histoire de l'art français*, 9 vols (Paris: Jean Schmeit, puis Édouard Champion, puis Armand Colin, 1911–26)

PAEPE, CHRISTIAN DE, 'Don Quixote on Belgian Staves', in *International Don Quixote*, ed. Theo D'haen et Reindert Dhondt (Amsterdam: Rodopi, 2009), pp. 137–55

REY, AUGUSTE, *Notes sur mon village: la vieillesse de Sedaine* (Paris: H. Champion, 1906)

SCHÖLLER, WOLFGANG, *Die 'Académie Royale d'Architecture' 1671–1793: Anatomie einer Institution* (Köln: Böhlau, 1993)

TAIEB, PATRICK, 'Un jugement de François Benoît Hoffman sur Sedaine en 1812', in *Michel-Jean Sedaine (1719–1797): Theatre, Opera and Art*, ed. David Charlton et Mark Ledbury (Aldershot: Ashgate, 2000), pp. 173–95

THURNER, ALPHONSE, *Les Transformations de l'opéra-comique* (Paris: Librairie Castel, 1875)

TISSIER, ANDRÉ, *Les Spectacles à Paris pendant la Révolution*, 2 vols (Genève: Droz, 1992–2002)

VANDEUL, MARIE-ANGÉLIQUE DE, 'Notice historique sur Sedaine, envoyée à l'auteur de ces feuilles, par Mme de Vandeul, née Diderot, 1797', in *Correspondance littéraire, philosophique et critique par Grimm, Diderot, Raynal, Meister, etc.*, ed. Maurice Tourneux, 16 vols (Paris: Garnier Frères, 1882), XVI, 234–46

VIALLETON, JEAN-YVES, ed. *Raoul, Barbe-bleue*, in Poirson, Martial (ed.), *Perrault en scène: transpositions théâtrales de contes merveilleux, 1670–1800* (Saint-Gély-du-Fesc: Éditions Espaces 34, 2009), pp. 245–308

WILD, NICOLE, ET DAVID CHARLTON, *Théâtre de l'Opéra-Comique, Paris: Répertoire 1762–1972* (Liège: Mardaga, 2005)

www.ingramcontent.com/pod-product-compliance
Lightning Source LLC
Chambersburg PA
CBHW071452150426
43191CB00008B/1325

* 9 7 8 1 7 8 1 8 8 6 0 5 2 *